Gezielt bewerben

Bewerber-Knigge

Angelika Fuchs

Praxisbuch
Bewerber-Knigge

Sicher zum Bewerbungserfolg

Wie Sie Pluspunkte sammeln
und Fettnäpfe vermeiden

FALKEN

Im FALKEN Verlag sind zahlreiche Ratgeber für Studenten rund um Bewerbung, Berufseinstieg und Karriere erschienen:
Studienaufenthalte, Praktika und Jobs in USA und Kanada (1786)
Campus Recruiting (2061)
Karriere durch Networking (2289)
Praxisbuch Bewerbung für Fachhochschulabgänger (2397)
Berufsstart für Hochschulavsolventen (1482)
Gezielt bewerben in der Medienbranche (2165)
Gezielt bewerben bei Unternehmensberatungen (2090)

Sie sind überall erhältlich, wo es Bücher gibt.

Sie finden uns im Internet: **www.falken.de**

Der Text dieses Buches entspricht den Regeln der neuen deutschen Rechtschreibung.

Dieses Buch wurde auf chlorfrei gebleichtem und säurefreiem Papier gedruckt.

ISBN 3 8068 2084 8

Umschlaggestaltung: Rincón² Design & Production GmbH, Köln
Titelbild: ZEFA, H.G. Rossi, Düsseldorf
Redaktion: Thomas Wieke, Wiesbaden
Koordination: Herbert Habicht
Layout: Horst Bachmann
Herstellung: Ulrich Klein

Die Ratschläge in diesem Buch sind von Autorin und Verlag sorgfältig erwogen und geprüft, dennoch kann eine Garantie nicht übernommen werden. Eine Haftung der Autorin bzw. des Verlags und seiner Beauftragten für Personen-, Sach- und Vermögensschäden ist ausgeschlossen.

Satz: DM-SERVICE Mahncke & Pollmeier GmbH & Co. KG, Rodgau
Druck: Ludwig Auer GmbH, Donauwörth

817 2635 4453 6271

Inhalt

Vorwort

Endlich gibt es ihn, den Bewerber-Knigge. Oder ist Ihnen in der Fülle von Informationsmaterial, Büchern und Broschüren zum Thema Bewerbung schon einmal ein Ratgeber begegnet, der Ihnen ausführliche Tipps für alle Eventualitäten im Bewerbungsprozess zu bieten hatte? Nein? Dann haben Sie ihn jetzt gefunden.

Dieser Ratgeber füllt die Lücke zwischen den herkömmlichen Bewerbungsleitfäden und Bewerberseminaren, um Stellen Suchenden den Weg zum Ein- oder Umsteigen in den Traumjob zu erleichtern. In Anbetracht der angespannten Lage auf dem Arbeitsmarkt müssen Berufseinsteiger und -umsteiger nämlich größere Anstrengungen unternehmen, um einen Arbeitsplatz zu finden, als in früheren Jahren. Nicht immer bietet sich gleich die Aussicht auf den Traumjob. Kompromissbereitschaft via Praktika und befristeter Arbeitsverträge sowie Flexibilität sind erforderlich. Wichtiger als eine feste Anstellung um jeden Preis ist es, zu Beginn des Berufslebens im richtigen bzw. gewünschten Tätigkeitsbereich oder Berufsfeld zu arbeiten. Doch wie realisiert man das? Bewerbung schreiben, Einladung zum Gespräch abwarten, fertig? Nein, ganz so einfach ist es nicht.

Lage auf dem Arbeitsmarkt

„Ich staune oft, wie naiv manche Leute an das Thema Bewerbung und Vorstellungsgespräch herangehen“, sagte kürzlich ein Personalexperte zu mir. Was machen die Bewerber falsch? Die meisten vergessen, dass Bewerbung von „werben“ kommt. Sich selbst optimal zu präsentieren, ist eine arbeitsintensive Aufgabe. Man muss sich mit sich selbst und seinen Zielen auseinander setzen und sich entsprechend vorbereiten. An dieser Vorbereitung scheitert es meistens. Viele glauben, ein lockeres Plauderstündchen mit dem zukünftigen Chef abzuhalten. Andere wiederum versuchen, besonders abgebrüht zu wirken, und betrachten die Stelle einfach nur als Job. Doch Personalchefs lassen sich so nicht überzeugen. Sie suchen begeisterte

Bewerbung kommt von „werben“

Mitarbeiter, die sich mit ihrer Arbeit identifizieren und sich mit entsprechendem Engagement ins Unternehmen einbringen – das wollen sie bereits im persönlichen Gespräch erkennen können.

Eine gute Vorbereitung ist daher das A und O einer Bewerbung. Dieser Ratgeber unterstützt Sie dabei, nicht bereits an formalen Hürden bei der schriftlichen Bewerbung oder an der unprofessionellen Ausführung einer Online-Bewerbung zu scheitern. Darüber hinaus erhalten Sie Tipps für effektive Telefonate. Schwerpunkt ist jedoch das erfolgreiche Vorstellungsgespräch. Wie verhalte ich mich? Wie stelle ich mich auf meinen Gesprächspartner ein? Mit welchen Fragen muss ich rechnen? Wie gehe ich mit Missgeschicken um? Wann darf ich bluffen? Gibt es eine Lizenz zum Lügen? Expertenbeiträge und Beispiele aus der Praxis veranschaulichen die Situationen.

Gute Vorbereitung

Ich wünsche Ihnen viel Spaß bei der Lektüre, viel Erfolg bei Ihrer Suche nach dem Traumjob und viel Glück bei den Gesprächen und hoffe, dass Sie in diesem Buch manch Antwort auf Ihre Fragen finden werden.

An dieser Stelle möchte ich mich bei meinem Verleger bedanken, der es mir ermöglicht hat, die Erfahrungen aus den vielen Bewerbungsgesprächen an die Bewerber weitergeben zu können, und einen weiteren herzlichen Dank an meinen Mann und meinen Sohn richten, ohne deren Unterstützung diese Buchprojekt nie zustande gekommen wäre.

Angelika Fuchs

Die schriftliche Bewerbung

Trotz ausreichend angebotener Literatur und einschlägiger Karriereberater stehen Bewerber immer wieder vor dem gleichen Problem, der Bewerbung. Am liebsten wäre es wohl den meisten, sie würden von ihrem Traumunternehmen angesprochen und zum Gespräch eingeladen werden. So einfach ist es leider nicht. Der Weg führt selten direkt zum Gespräch. Die schriftliche Bewerbung ist immer noch unumgänglich.

Vorab zu bedenken

Darum denken Sie daran:

- Führen Sie, bevor Sie sich bewerben, eine gründliche Selbstanalyse Ihrer fachlichen, beruflichen und persönlichen Qualifikationen durch.
- Werden Sie sich über Ihr berufliches Ziel und Ihre potenziellen Arbeitgeber klar. Soll es ein kleines Unternehmen sein oder eher ein großer Konzern? Sind Sie ein Macher, ein Forscher und Entwickler oder tendieren Sie eher zum Marketing?
- Nutzen Sie alle möglichen Wege der Bewerbung.
- Informieren Sie sich über ihre potenziellen Arbeitgeber und knüpfen Sie erste Kontakte via Telefon.
- Informieren Sie sich über die Auswahl- und Entscheidungskriterien der Firmen und bereiten Sie Ihre Bewerbungsunterlagen vor.

Bewerbungsunterlagen

Tipps zur Erstellung von Unterlagen gibt es in Hülle und Fülle. Man müsste eigentlich davon ausgehen, dass Bewerber mit diesen Ratschlägen ohne Schwierigkeiten optimal gestaltete und inhaltlich einwandfreie Unterlagen zusammenstellen und versenden könnten. Dem ist aber nicht so. Leider!

Die folgenden Tipps zur formalen Gestaltung der Bewerbungsunterlagen konzentrieren sich auf Formalien und Stil, nicht auf DIN-Normen, Schriftgrößen o. Ä., die in vielen anderen Büchern schon ausführlich behandelt worden sind.

Der erste Eindruck: Formfehler, die Sie vermeiden sollten

Für Ihre Bewerbungsunterlagen nehmen sich Personalverantwortliche 30 Sekunden Zeit

EXPERTENMEINUNG

„Es sind tatsächlich nur 30 oder 40 Sekunden, die heute in der ersten Auswahl von Bewerbungsunterlagen für jeden einzelnen Bewerber verwendet werden. Dies bedeutet, dass man seine Unterlagen so aufbereiten muss, dass ein Leser in sehr knapper Form die wichtigsten und überzeugendsten Argumente des Bewerbers aufnehmen kann."
(Klaus Aden, Kienbaum Personalberatung, Düsseldorf)

„Schlecht aufbereitete, fehlerhafte und unsaubere Unterlagen oder ‚Postwurfsendungen' führen mit Sicherheit zu einer Absage."
(Diethelm Horak, Personalvorstand, Philips GmbH)

„Formfehler führen gleich ins Aus. Wenn Sie mein Interesse wecken wollen, müssen Sie bereits im Anschreiben zeigen, was Sie persönlich von den anderen 14.999 Kandidaten, die sich jedes Jahr bei VW bewerben, unterscheidet."
(Anke Hattendorf, Leiterin Personalmarketing, Volkswagen AG, Wolfsburg)

Der äußere Eindruck – und damit der erste Eindruck, den der Empfänger bekommt – entscheidet somit oft schon darüber, ob Sie bereits im ersten Auswahlverfahren scheitern. Viele Bewerbungen werden aufgrund formaler Fehler aussortiert, noch ehe die Unterlagen gelesen und inhaltlich analysiert sind.

Der Umschlag

Ein Kunde zeigte mir den Umschlag einer Bewerbung und fragte mich nach meiner Meinung. Da er mit 30 10-Pfennig-Briefmarken – Sondermarken, die größer sind als gewöhnliche – beklebt, die

Adresse nur noch mühsam lesbar und somit die Briefhülle eher einem modernen Kunstwerk denn einem Kuvert für Bewerbungsunterlagen ähnlich war, wirkte er zumindest auffällig. Der Personalverantwortliche fragte sich, was der Bewerber damit bezweckte?

Adresse und Briefmarken

Es ist immer noch die Regel, dass Bewerbungen ungeöffnet auf dem Schreibtisch des Empfängers landen. Achten Sie also darauf, dass der Brief nicht nur ausreichend, sondern wenn möglich mit wenigen Marken frankiert ist. Ebenso sollte die Adresse gut lesbar, korrekt und ohne Rechtschreibfehler sein.

WICHTIG

Geben Sie Ihre Bewerbung nicht mit der Firmenpost auf. Verfügen die Unternehmen über eigene Frankiermaschinen, wird Firmenpost – dank des Firmenstempels – sofort als solche erkennbar. Was soll ein möglicher Arbeitgeber von Ihnen halten, wenn Sie ihre Privatpost mit den Mitteln des Unternehmens versenden, das Sie verlassen wollen?

Die Bewerbungsmappe

Mit dem Herausnehmen der Bewerbungsmappe beschränkt sich der Eindruck nicht nur auf die optischen Sinne sondern auch auf den Geruchssinn; es soll Personalverantwortliche geben, die an Bewerbungsunterlagen schnuppern.

Gerüche vermeiden

Eine Kollegin zum Beispiel, die auf dem Höhepunkt des Auswahlverfahrens für eine Personalmesse die erste Phase ihrer Schwangerschaft erlebte, reagierte extrem empfindlich in Bezug auf Gerüche. Sie war nicht in der Lage, Unterlagen zu sichten, die stark nach Rauch oder Essen rochen. Hätte sie diese Unterlagen nicht an eine Kollegin abgeben können, wären sie wahrscheinlich aussortiert worden. Ungerecht, meinen Sie? Pech, sagen andere. Achten Sie also darauf, penetrante Düfte zu vermeiden. Essensgerüche, Rauch und Parfum haben „an“ einer Bewerbung nichts zu suchen.

Der Einfallsreichtum der Bewerber ist grenzenlos. Von der Loseblattsammlung bis hin zur Bewerbung in Form einer Zeitschrift, vom Kreuzworträtsel bis zur Multimedia-CD-ROM, kann man alles vorfinden. Denken Sie aber daran, je einfacher und schneller die Bewerbungsmappe durchgeblättert werden kann, desto besser. Sie dürfen dennoch kreativ sein. Manch extravagante Mappe hat zu einem spontanen Gespräch geführt. Vermeiden Sie

- Loseblattsammlungen: Dokumente könnten verloren gehen.
- aufwendige Bewerbungsmappen: Sie sind meist recht unpraktisch. Der Leser ist ständig am Auf- und Zuschlagen, Umdrehen und Suchen. Eine einfache Klemmmappe tut es auch.
- aufdringliche Farben Ihrer Mappe: Vermeiden Sie Farben wie Rot, Braun oder auch Schwarz. Wählen Sie neutrale Farben. Banken bevorzugen immer noch die unauffällige Mappe in Blau.
- Klarsichthüllen: Sie sind nicht nur für den Leser unterschiedlich zu handhaben, auch mit Rücksicht auf die Umwelt sollten Sie darauf verzichten.
- das Anschreiben abzuheften: Es sollte lose obenauf liegen.
- Bewerbungsmappen mehrfach zu verwenden: Man sieht es den Mappen meist an. Sie sind abgegriffen, geknickt, manchmal schmutzig und unansehnlich.
- Ihrer Bewerbungsmappe „Gewicht" zu verleihen: Es ist nicht nur entmutigend für den Leser, wenn er ein „Buch" vor sich liegen hat, es ist auch überflüssig. Legen Sie nur die Dokumente bei, die für die ausgeschriebene Position notwendig sind. Bieten Sie an, auf Wunsch weitere Unterlagen nachzureichen.
- mit Informationen zu geizen: Aussagekräftig sollten Ihre Unterlagen schon sein. Wenn der Empfänger nur zwei Seiten in Händen hält, geht er davon aus, dass die Unterlagen unvollständig sind, und sortiert sie aus.

UNSER TIPP Es ist nach unserer Erfahrung nicht überflüssig, darauf hinzuweisen: Entfernen Sie das Preisetikett von der Mappe!

Erscheinungsbild des Inhaltes

Der äußere Eindruck entsteht auch durch den Inhalt Ihrer Mappe. Vermeiden Sie also

- Eselsohren und Kaffee- oder Fettflecken (Flecken allgemein)
- schlechte Papierqualität: Zu dünnes Papier wirkt sehr schnell, als wäre es bereits mehrfach verwendet worden.

- liniertes, kariertes oder poppiges Papier: Normales weißes Papier kommt am besten an.
- handschriftliche Unterlagen: Reichen Sie handschriftliche Unterlagen nur auf ausdrücklichen Wunsch ein.
- schwer lesbare Schrift: Achten Sie auf ein lesbares Schriftbild.
- Vermeiden Sie verspielte und zu kleine Schrifttypen.
- sichtbare Korrekturen und Ausbesserungen
- beidseitiges Kopieren bzw. Bedrucken der Seiten
- unsaubere Ausdrucke
- schlechte Fotokopien (schief, unvollständig)
- unlesbare Fotokopien

Schreibmaschine oder PC

Schreiben Sie Ihre Bewerbung mit einer Schreibmaschine oder einem Computer. Verlangt das Berufsbild PC-Kenntnisse, sollten Sie in jedem Fall Ihre Bewerbung mit dem Computer erstellen.

Der Inhalt

Die letzte formale Hürde, die es zu überwinden gilt, ist die Vollständigkeit der Bewerbungsunterlagen.
Zu einer vollständigen Bewerbung gehören:
– ein individuelles Anschreiben
– ein Foto
– ein Lebenslauf
– Zeugnisse

Anschreiben

Wir hatten für einen Kunden die Position eines Inhouse-Consultant zu besetzen. Solche Positionen sind sehr beliebt. Entsprechend groß war die Resonanz. Auch hier war es wichtig, sich einen schnellen Überblick zu verschaffen. Bereits die erste Bewerbung jedoch bremste den Elan. Ein Text, scheinbar ohne Punkt und Komma, eng beschrieben, kaum Seitenränder, eher einer wissenschaftlichen Abhandlung ähnlich als einem Brief. Entmutigend.

Ein Anschreiben muss in erster Linie inhaltlich überzeugen, keine Frage. Bis der Leser jedoch zu lesen beginnt, schweifen seine Augen vorerst einmal nur über das Blatt. Er wird sich kaum durch einen Roman kämpfen, wenn er noch andere Kandidaten vor sich hat.

UNSER TIPP In der Kürze liegt die Würze. Das heißt nicht, dass Sie den Text, wie mitunter empfohlen, auf eine Seite „quetschen" müssen. Lockern Sie Ihr Anschreiben auf. Gliedern Sie es in inhaltliche Absätze. Arbeiten Sie wenn nötig mit Aufzählungen. Der Leser soll ohne Mühe den Text überfliegen können.

Formale Anforderungen an ein Anschreiben:

- Anschrift: Achten Sie auf die korrekte Anschrift mit exakter Firmenbezeichnung. Zusätze wie GmbH, KGaA oder Ähnliches sind Teil des Firmennamens und gehören in die Anschrift. Versichern Sie sich, dass Sie den Ansprechpartner mit Titel, Vornamen und Namen nennen. Wenn nötig, recherchieren Sie vorher telefonisch den Ansprechpartner für Ihre Bewerbung der Aufwand lohnt sich. **Anschrift**
- Absender: Zur Absenderadresse gehört unbedingt auch die Telefonnummer. Wenn Sie über Fax oder eine e-mail-Adresse verfügen, können Sie dies ebenfalls anführen. **Absender**
- Betreffzeile: Formulieren Sie kurz und prägnant den Anlass Ihres Schreibens. Beispiel: Ihre Anzeige im Hamburger Abendblatt vom 01.08.99: Ausbildung zur/m Bankkauffrau/mann **Betreffzeile**
- Anrede: Wenden Sie sich in der Anrede an den gleichen Ansprechpartner, den Sie in der Adresse angegeben haben. Achten Sie auch hier auf die korrekte Schreibweise. **Anrede**
- Inhalt: Schreiben Sie, welchen Bezug Sie zu der für Sie interessanten Position haben, was Sie qualifiziert und warum Sie denken, dass Sie ein geeigneter Kandidat sind? Gliedern Sie das Anschreiben inhaltlich sinnvoll. **Inhalt**
- Unterschrift: Vergessen Sie nicht zu unterschreiben und unterschreiben Sie möglichst leserlich. **Unterschrift**
- Anlagen: Der Hinweis „Bewerbungsunterlagen" genügt meist. **Anlagen**

WICHTIG

Achten Sie darauf, dass Ihr Anschreiben ohne Rechtschreibfehler ist. Es wäre nicht das erste Mal, dass ein Leser den Rotstift zur Hand nimmt und Fehler anstreicht.

Johannes Schmidt

Ulmenstraße 22
81399 München
Tel.: (0 89) 35 46 78

Firma Wunderlich GmbH
Frau Martina Schmidt
Personalmarketing
Kurze Straße 40

67890 Kurzhausen

20. Oktober xxxx

Ihre Anzeige „Ingenieure bei Wunderlich" in der FAZ vom 15.Oktober xxxx

Sehr geehrte Frau Schmidt,

in Kürze werde ich nach erfolgreicher Fertigstellung des vierjährigen Industrieprojektes mein Promotionsstudium der Elektrotechnik an der TU Darmstadt beenden. Ihr ausgeschriebenes Stellenangebot ist für mich vor allem aufgrund des vielschichtigen Anforderungsprofils von großem Interesse.

Bei der Auswahl meiner Arbeitsschwerpunkte war es mein Ziel, fundiertes Wissen im Bereich digitaler Steuerungsprozesse mit Kenntnissen in angrenzenden Fachgebieten, wie z. B. der Messtechnik, zu verbinden. Der von mir gewählte zusätzliche Kurs „Einführung in die Betriebswirtschaftslehre" ermöglichte mir einen tieferen Einblick in das ökonomische Umfeld technischer Lösungen.

Eine praktische Problemstellung aus dem Bereich der großtechnischen Produktion, die Automatisierung der optischen Serienprüfung, bildete den Hintergrund meiner Dissertation. Erfolgreich konnte ich in diesem Zusammenhang ein neuartiges und im vorliegenden Anwendungsfall leistungsfähigeres Bildauswertungsverfahren entwickeln und realisieren. Dabei war insbesondere die langjährige Zusammenarbeit mit der Firma „Siemens München" sehr fruchtbar.

Weitere praktische Erfahrungen außerhalb des akademischen Lehrbetriebes sammelte ich im Rahmen verschiedener drittmittelgeförderter Forschungsprojekte, von denen ich eines im Ausland absolvierte. Mein Interesse hinsichtlich des beruflichen Einsatzgebietes gilt besonders einer Tätigkeit auf dem Sektor Automatisierung bzw. Prozesssteuerung.

Ein möglicher Eintrittstermin ist für mich der 1. Januar 20xx. Einer Gelegenheit, Sie bei einem Vorstellungsgespräch von meinen persönlichen Qualifikationen überzeugen zu können, sehe ich mit Freude entgegen.

Mit freundlichen Grüßen

(Unterschrift)

Anlage: Bewerbungsmappe

Anschreiben-Muster II

Marianne Maler

Tulpenweg 4
60212 Frankfurt
Tel.: (0 69) 2 34 56

Firma Schnell GmbH
Frau Lydia Merkel
Personalabteilung
Hauptstraße 114

45454 Großstadt

15. April xxxx

Ihre Anzeige „Assistentin der Geschäftsleitung" in der Großstadt Rundschau vom 07. April xxxx

Sehr geehrte Frau Merkel,

auf die von Ihnen ausgeschriebene Stelle als Assistentin der Geschäftsleitung bewerbe ich mich gerne, weil ich mir sicher bin, alle von Ihnen gewünschten Anforderungen zu erfüllen.

Im März diesen Jahres habe ich meine Ausbildung zur Europasekretärin sehr erfolgreich abgeschlossen. Englisch, Französisch sowie Spanisch beherrsche ich in Wort und Schrift. Meine Russischkenntnisse sind ausbaufähig. Außerdem beherrsche ich den Umgang mit WORD, EXCEL und POWERPOINT. Eine gute Allgemeinbildung, erstklassige Umgangsformen sowie gewandtes und sicheres Auftreten runden mein Profil ab.

Zur Zeit belege ich einen Weiterbildungskurs „Russisch", der bis Ende April laufen wird, sodass ich ab Mai zur Verfügung stehen könnte.

Ich bin sicher, Sie in einem persönlichen Gespräch davon überzeugen zu können, dass ich für die freie Position die Richtige bin.

Mit freundlichen Grüßen

(Unterschrift)

Anlage:
Bewerbungsmappe

Foto

Aktuelle Studioaufnahme verwenden

Verwenden Sie ein aktuelles Farbfoto. Schwarz-Weiß-Aufnahmen sind eher die Ausnahme und in höheren Führungsetagen anzutreffen. Das Foto sollte nicht größer als maximal 7 x 10 Zentimeter sein. Versenden Sie nur Studioaufnahmen. Schnappschüsse oder „aus dem Leben gegriffene" Fotos haben in einer Bewerbung nichts verloren. Auch Sofortbild-Polaroids aus dem Automaten kommen nicht so gut an.

Achten Sie darauf, dass Sie sich der Position entsprechend kleiden, wenn Sie das Foto machen lassen, vor allem wenn es sich um eine Position handelt, bei der Sie Kundenkontakt haben werden. Zu leger ist ebenso wenig angebracht, wie übertrieben elegant. Wählen Sie am Ende das Foto aus, das Ihnen „am nächsten kommt".

> **WICHTIG**
>
> Versehen Sie das Foto auf der Rückseite mit Name und Anschrift und kleben Sie es an den rechten oberen Rand des Lebenslaufes – am besten mit Fotoecken oder mit Trockenkleber. Sie sollten das Foto niemals einheften, tackern oder mit Büroklammern anstecken.

Lebenslauf

Chronologie

Umgekehrte Chronologie

Der Lebenslauf sollte chronologisch nach Sachgruppen – Persönliche Daten, Schulausbildung, Praktika, Berufserfahrung, Fremdsprachen, EDV-Kenntnisse, Sonstige Aktivitäten, Sport/Hobbys – geordnet sein. Bewerber, die bereits über praktische Erfahrung verfügen, sollten die umgekehrte zeitliche Reihenfolge wählen. Den Personaler interessiert zuerst, was der Bewerber zuletzt gemacht hat.

> **WICHTIG**
>
> Übersichtlichkeit ist entscheidend, damit sich der Leser nicht mehrere Minuten lang fragt, was denn der Bewerber momentan macht.

Beispiellebenslauf I

Lebenslauf

Daten zur Person:	Marianne Wegener Telemannstraße 12 60232 Frankfurt a. M. Tel.: (0 69) 7 34 13 23
	geboren am 15.09.68 in Frankfurt a. M.
	ledig
	Foto
Schulbildung:	
09/74 – 06/78	Grundschule in Frankfurt a. M.
09/78 – 06/91	Theodor-Storm-Gymnasium in Frankfurt a. M. Abitur 1,5
Berufsausbildung	
09/91 – 07/94	Ausbildung zur Bankkauffrau bei der Commerzbank Frankfurt, Abschluss 1,6
08/94 – 12/96	Bankkauffrau im Bereich Kreditwesen, Commerzbank Frankfurt
01/97 – heute	Bankkauffrau bei der Deutschen Bank in Frankfurt a. M., Bereich Kreditwesen für Großkunden
Weiterbildung	
09/94 – 02/95	Sprachkurs Englisch (Finanzenglisch) wöchentl. 2 Stunden
08/96	Präsentationstechnik
Sprachen	
Englisch	fließend in Wort und Schrift
Französisch	ausbaufähig
Sonstige Kenntnisse	
EDV	Anwenderkenntnisse MS-Office
Hobbys	Reiten (ich besitze ein eigenes Pferd), Reisen, Börse, Handball (Regionalligaspielerin)

Frankfurt a. M., den (Datum)

(Unterschrift)

Lebenslauf

Persönliche Daten

Name	Martina Schmidt	Foto
Anschrift	Spitzwegstraße 9 81373 München Tel.: (0 89) 11 22 33	
geboren am	30.06.1965 in Würzburg	
Familienstand	ledig	

Berufserfahrung

seit Oktober 1991

Beraterin bei der Unternehmensberatung XY Consulting GmbH
Branche: Dienstleistungsunternehmen
Bereich: System Integration
Schwerpunkt: Change Management

Projekte:

Installation einer SAP-Komponente (RE) in Potsdam
- Neudefinieren von Arbeitsabläufen im Bereich RE-Änderungsdienst
- Mitverantwortlich für die Entwicklung der Projektteam- und Anwenderschulungen
- Anwenderbetreuung nach Produktivstart

SAP-RE-Installation in Dortmund
- Neudefinieren von Arbeitsabläufen im Bereich RE-Änderungsdienst und Ablesung
- Verantwortlich für die Planung, Entwicklung und Durchführung der Anwenderschulungen
- Anwenderbetreuung nach Produktivstart
- Erarbeiten einer Strategie zur Anbindung der Zweigstellen an die neue Software

Schulungsprojekt in Dortmund
- Erarbeiten der existierenden Arbeitsabläufe
- Verantwortlich für die Planung, Entwicklung und
- Durchführung der Anwenderschulungen (200 Anwender)

Entwicklung eines Abrechnungssystems im Bereich der Telekommunikationsindustrie. Verantwortlich für
- das Funktionale Design einer Auskunftsfunktion
- die Erstellung eines Benutzerhandbuchs
- die Planung, Entwicklung und Durchführung der Expertenschulung´

Hochschulstudium	
1987 bis 1991	Studium an der Fachhochschule Furtwangen Abschluss Dipl.-Ing. (FH) (1,7) Fachrichtung Ingenieurwesen Fachbereich Product-Engineering
10/89 – 03/90	Praxissemester bei Hewlett Packard GmbH in der Medizinelektronik
Berufsausbildung	
1984 – 1987	Ausbildung zur Feinmechanikerin an der Berufsfachschule Furtwangen Abschluss mit dem Gesellenbrief (1,6)
Schulausbildung	
1971 – 1972	Grundschule in Würzburg
1972 – 1975	Grundschule in Villingen im Schwarzwald
1975 – 1984	Gymnasium in Villingen (Abitur 1,5)
Berufliche Weiterbildung	• XY Consulting Basistraining in New York, USA • Ausbildung neuer Mitarbeiter in New York, USA • Schulung „Organisation Change Fundamentals" in New York, USA • Teambuilding in Frankfurt a. M. • Präsentationstechnik in Frankfurt a. M. • Konferenz „Change Management; Unternehmen im Wandel", Leiter: Dr. Doppler
Sprachen	Englisch (fließend) Spanisch (fließend) Französisch (ausbaufähig)
Ehrenamtliche Tätigkeiten	Mitglied im Deutschen Roten Kreuz
Hobbys	Sport (Tauchen, Bergsteigen, Badminton), Lesen, Reisen (Skandinavien, Großbritannien und Irland)

München, den 09.10.1999 Unterschrift

Einmal erstellt – immer vorhanden ? – Nein!

Auch der Lebenslauf sollte – wie das Anschreiben – an den Anforderungen des potenziellen Arbeitgebers ausgerichtet werden. Im Lebenslauf gibt es entsprechende Stellen, wo diese Ausrichtung stattfinden kann, z. B.

Lebenslauf individuell ausrichten

- Schwerpunkte des Studiums
- Arbeitsinhalte bei Praktika/Berufstätigkeiten
- die Rubriken
  - Sonstige Aktivitäten
  - EDV-Kenntnisse
  - Fremdsprachen
  - Qualifikationen
  - Kongressteilnahmen
  - Veröffentlichungen u. a. Rubriken

Zeugnisse

Zeugnisse niemals korrigieren

Kann man bei Zeugnissen etwas falsch machen? Jede Menge. Es fängt damit an, dass Zeugnisse oder auch Arbeitsnachweise fehlen, eigenmächtig korrigiert oder gar selbst erstellt werden. Schreiben Sie niemals in Ihre eigenen Zeugnisse. Zeugnisse dürfen niemals korrigiert sein. Es wird Ihnen niemand abnehmen, dass die Änderungen nicht durch Sie erfolgt sind. Verwenden Sie auch keine Zeugnisse von Verwandten, bei denen der Leser annehmen muss, sie seien nur aufgrund der gemeinsamen Basis oder aus Gefälligkeit so gut ausgefallen.

UNSER TIPP Ersparen Sie es sich, Zeugnisse beglaubigen zu lassen. Eine Kopie genügt, es sei denn, beglaubigte Zeugnisse werden ausdrücklich verlangt.

Todsünden bei der schriftlichen Bewerbung

Ein Eselsohr oder ein fehlendes Zeugnis mag ab und zu vielleicht noch verziehen werden. Was aber auf keinen Fall verziehen wird:

- Falscher Adressat und Anrede: Die moderne Bürokommunikation macht es möglich, Serienbriefe zu erstellen. Der Serienbrief an sich ist schon schlimm genug. Wenn Sie aber die Serienbrieffunktion noch nicht so perfekt beherrschen, sodass der neue

Adressat eingetragen wird, die alte Anrede und womöglich noch die Betreffzeile für die Position des vorherigen Unternehmens unverändert bestehen bleiben, erhalten Sie die Unterlagen wahrscheinlich sehr schnell ungelesen zurück.

- Die falsche Bewerbung im richtigen Umschlag: Leider passiert es auch mir des Öfteren, dass ich eine Bewerbung für ein ganz anderes Unternehmen in der Hand habe. Der Bewerber hat seine kompletten Unterlagen in den falschen Briefumschlag gesteckt. Mindestens ein weiterer Empfänger erlebt in diesem Fall die gleiche Überraschung.
- Zweideutige Bemerkungen im Anschreiben: Für die Position eines Verkäufers/einer Verkäuferin erhielten wir die Bewerbung einer jungen Dame, die ganz offensichtlich mit einem männlichen Ansprechpartner gerechnet hatte. Sie war Anzeigenverkäuferin für ein erotisches Herrenmagazin und warb für sich mit zweideutigen Anmerkungen und einem in Rot geschriebenen Anschreiben. Die Kollegin, die diese Unterlagen zu bearbeiten hatte, war nicht amüsiert. Die Bewerberin erhielt eine Absage.
- Eigenmächtige Korrekturen oder Manipulationen – gleich welcher Art – in Zeugnissen
- Massendrucksachen: 90 Prozent aller Bewerbungen sind im 08/15-Stil verfasst. PCs machen es möglich, in kürzester Zeit Unmengen solcher bis auf die Adresse identischen Bewerbungsschreiben zu produzieren. Das wissen Personalchefs auch und reagieren dementsprechend – mit einer Standardabsage aus dem Computer.
- Schmeicheleien: Sie brauchen dem Unternehmen nicht zu erzählen, dass Sie es für so innovativ halten, dass es seine Kunden fortwährend mit intelligenten Lösungen befriedigt.
- (Falsche) Interpretationen, wie: „ … Ihr Unternehmen ist führend im Bereich der Informationstechnologie. Aus diesem Grund suchen Sie flexible, teamorientierte und ehrgeizige Informatiker, die gemeinsam mit Ihnen ins Jahr 2000 schreiten."
- Übertreibungen: Viele Anschreiben sind überdreht und versuchen, den Eindruck zu erwecken, das Unternehmen sei das einzige, das für den Bewerber überhaupt infage kommt. Das glaubt keiner.

- Klischees: Aneinanderreihung von Floskeln, wie „logisch-analytisch, zielgerichtet, flexibel, dynamisch …". Zwischen den Zeilen Indizien für Teamorientierung, Flexibilität etc. zu finden, überlassen Sie bitte denen, die Ihre Bewerbung sichten.
- Ausflüge ins Reich der Fantasie, wie: „Ich bin Hobbytaucher und dringe dabei in eine Welt voller Risiken ein, in der Belastbarkeit gefragt ist, eben ganz wie in Ihrem Unternehmen".
- Romane: Papier ist geduldig, Personalentscheider meistens nicht. Interesse weckt ein kurzes Anschreiben – vor allem, wenn es auf die Anforderungen der Anzeige und die Bedürfnisse des Unternehmens eingeht.
- Egozentrik: Viele Bewerber nutzen das Anschreiben zur Selbstdarstellung, gehen aber auf die Stellenanzeige kaum ein. Gefragt ist jedoch der unternehmensorientierte Bewerber, der klar und deutlich sagt, was er für das Unternehmen leisten kann.

WICHTIG:

Formulieren Sie einfach, was Sie warum gemacht haben und weshalb Ihr Weg Sie wohin führen soll.

Auch der Ton macht die Musik

Überheblichkeit und Arroganz oder auch Frechheit – „Sie können Glück haben, wenn ich für Sie arbeite" – sind ebenso unangebracht wie Schmeicheleien und übertriebene Unterwürfigkeit, die als mangelndes Selbstbewusstsein und Unsicherheit ausgelegt würde.

Für die eigenen Fähigkeiten werben

Wählen Sie den goldenen Mittelweg. Bewerbung kommt von „werben". Werben Sie für Ihre Fähigkeiten. Seien Sie sich Ihrer Stärken und Schwächen bewusst. Überlegen Sie sich, was den Leser interessieren könnte und was Sie ihm gerne über sich mitteilen möchten. Studieren Sie die Anzeige und das beschriebene Anforderungsprofil. Deckt es sich mit Ihren Qualifikationen? Wenn nicht, warum denken Sie, trotzdem ein geeigneter Kandidat zu sein?

„Bezug nehmend auf Ihre Anzeige in der FAZ, erlaube ich mir hiermit …" oder auch Standardfloskeln wie „Sie suchen …", „Ich bewerbe mich …" sind als Einleitung wenig originell. Im Vergleich zu den nichts sagenden Floskeln, mit denen Bewerber glauben, ihre Fähigkeiten zu präsentieren, sind sie jedoch vergleichsweise harmlos. Beispiel: „Als logisch-analytisch denkende und zielorientiert planende Persönlichkeit bringe ich alle Voraussetzungen mit, die man in einem weltweit tätigen Unternehmen benötigt." Auch Aussagen wie „... ich arbeite zielgerichtet, aber nicht stur, locker, aber nicht unzuverlässig, flexibel, aber nicht orientierungslos, dynamisch, aber nicht hektisch ..." sagen so gut wie nichts aus.

Leere Floskeln vermeiden

Bitte beginnen Sie auch nicht den ersten Satz mit „Ich".

Wählen Sie die bessere Formulierung

schlechte Formulierung	besser klingt
Ich glaube, ich denke, ich meine ...	Meine Stärken sind ... Ich kann gut ...
ich möchte gerne ...	Ich stelle mir vor ...
Wäre es vielleicht möglich ...	Ist es möglich, ... Bitte prüfen Sie, ob ...
Ich habe ein bisschen ...	Ich habe Grundkenntnisse in ...

Auch das Wörtchen „man" ist in Ihrem Anschreiben fehl am Platz. „Man" sagt nichts aus, hat keinen Bezug. Man bewirbt sich nicht; Sie bewerben sich und entsprechend sollten Sie nur Sätze mit „ich", „mir", „Ihr", „Sie", etc. bilden.

UNSER TIPP Versuchen Sie, einem Bekannten die Position zu beschreiben. Was verlangt das Unternehmen? Erläutern Sie dann, warum Sie denken, ein geeigneter Kandidat zu sein. Schreiben Sie das Gesagte auf.

GOLDENE REGELN

Was zeichnet eine erfolgreiche schriftliche Bewerbung aus?

1. Widerstehen Sie der Versuchung, standardisierte Mappen einzureichen.
2. Stimmen Sie das Anschreiben auf den Adressaten ab. Gehen Sie davon aus, dass man sich nur wenige Minuten Zeit nimmt, um sich einen ersten Eindruck zu verschaffen.
3. Stellen Sie im Text die Vorteile und den Nutzen Ihrer Mitarbeit für die Firma dar. Verzichten Sie aber darauf, den Nutzen des Unternehmens für Ihre Karriere zu erläutern oder gar dem Personalentscheider das Unternehmen zu präsentieren.
4. Bewerben Sie sich auf eine Stellenanzeige, achten Sie darauf, dass sich Ihr Leistungsprofil mit dem Anforderungsprofil des Unternehmens deckt. Nehmen Sie die Anzeige wörtlich.
5. Der Lebenslauf sollte chronologisch nach Sachgruppen (Schulbildung, Berufsausbildung ,...) geordnet sein. Bewerber mit sehr viel Berufserfahrung sollten die umgekehrte Reihenfolge wählen: In der Regel interessiert zuerst, was Sie zuletzt gemacht haben.
6. Die Reihenfolge der beigefügten Belege sollte der Reihenfolge im Lebenslauf folgen. Fehlende Zeugnisse erwecken den Eindruck, dass der Bewerber etwas zu verbergen hat.
7. Aus Praktikumsbelegen muss hervorgehen, welche konkreten Erfahrungen gemacht wurden. Es ist ein Unterschied, ob die Erfahrung für die ausgeschriebene Position von Nutzen ist oder eher einer Ferientätigkeit entspricht.
8. Das Foto sollte neu und Ihr Erscheinungsbild der Position entsprechend angemessen sein. Führungskräfte, auch angehende, tragen selten Jeans und Sweatshirt.
9. Je einfacher die Dokumente durchgeblättert werden können, desto besser.
10. Verpacken Sie Ihre Unterlagen nicht in Klarsichthüllen.

Was sagen Experten dazu?

Die für die Rekrutierung von neuen Mitarbeitern verantwortlichen Experten wurden gefragt: „Wann interessieren Sie sich, angesichts der Vielzahl an Bewerbungen, die auf Ihrem Schreibtisch landen, für eine Person?“

EXPERTEN-MEINUNG

BASF
Wenn ein – an unseren Anforderungen gemessen – interessanter Lebenslauf vorliegt. Bei den Bewerbungsunterlagen kommt es auf Inhalt an, nicht auf Effekte.

Bayer
Auffallend kurze Studiendauer bei exzellenten Studienergebnissen, das sind Aspekte, die für mich einen Bewerber interessant werden lassen.

Daimler Benz
Wir prüfen jede eingehende Bewerbung. Besondere Aufmerksamkeit erweckt bei uns allerdings ein international angelegter Ausbildungsweg.

Lufthansa
Es kommt auf den Inhalt der Bewerbungsunterlagen an.

Telekom
Eine dem aktuellen und mittelfristigen Bedarf des Unternehmens entsprechende Kombination von exzellenter universitärer Ausbildung mit umfangreicher studienbegleitender Praxiserfahrung, möglichst im internationalen Bereich.

Hewlett Packard
Interessant ist, wer schon im Anschreiben sein Anliegen rasch auf den Punkt bringt, wer weiß, was er oder sie will und kann.

Hoechst
Wichtig ist natürlich der Inhalt der Bewerbung. Aber eine kreative Aufmachung könnte ein Anziehungspunkt sein.

IBM
Interessant ist eine individuelle, gut strukturierte Bewerbung, ein übersichtliches Anschreiben, das Persönlichkeit ausstrahlt, und erkennbar auf unser Unternehmen ausgerichtet ist (keine Briefwurfsendung). Selbstverständlich machen vollständige Bewerbungsunterlagen einen guten Eindruck.

EXPERTEN-
MEINUNG

Mannesmann
Ich schaue als Erstes in den Lebenslauf und suche dort nach wichtigen Infos und Eckdaten (zum Beispiel Praktika), die mich überzeugen.

REWE
Zu den im Unternehmen üblichen Anforderungen sollten außeruniversitäre Aktivitäten und einschlägige Praktika kommen. Grundvoraussetzung ist eine ansprechend gestaltete, übersichtliche Bewerbung.

Siemens
Ich werde neugierig auf einen Menschen, wenn etwas Außergewöhnliches in der Bewerbung steht, zum Beispiel interessante Freizeitaktivitäten, bei denen der Bewerber oder die Bewerberin schon mal Führungsverantwortung übernommen hat.

Tengelmann
Klar formulierte berufliche Zielvorstellungen sowie ein interessanter Lebenslauf und persönlicher Hintergrund lenken die Aufmerksamkeit positiv auf eine Person. Die Originalität der Bewerbungsunterlagen wirkt als Eyecatcher.

Thyssen
Bei der heutigen Marktlage muss bei einem Bewerber alles passen: ein sehr gutes Examen, möglichst ein Nachweis für Auslandskontakte mit Fachpraktika. Natürlich spielt auch die anständige Form eine Rolle.

VEBA
Aussagekräftiges Anschreiben, beruflicher Werdegang, Foto gehören zu einer guten Bewerbung.

(Quelle: FOCUS Online)

Schluss mit der Uniformität!
Von Stefan König, DAS Deutscher Automobilschutz

Oft denke ich bei Bewerbungen, die bei mir auf dem Schreibtisch landen und sich auf unser Außendienst-Trainee-Programm beziehen: „Der Bewerber ist schon gut, sogar sehr gut, er hat auch jede Menge praktische Erfahrungen – wie alle anderen auch!"
Alle sind gut, alle haben praktische Erfahrungen, die Anschreiben sind standardisiert, die sich gleichenden Zeugnisse und Diplome sind immer wieder, immer gleich in Plastikmappen abgeheftet. Verdammt noch mal, wo bleibt der individuelle Charakter, wo bleibt die Persönlichkeit? – Auf der Strecke!
Ecken, Kanten und Unterschiede werden bewusst nivelliert, aus Originalen werden Kopien, im wahrsten Sinne des Wortes.
Der einzelne Bewerber muss zunächst einmal Aufmerksamkeit erzielen. Eine Produktwerbung, ob als Plakat oder als TV-Spot, muss zunächst aktivieren, neugierig machen. Eigenschaften und Qualität kommen erst später ins Spiel.
Die Bewerbung ist Werbung in eigener Sache und darum frage ich vorsichtshalber noch einmal nach: „Ihr wollt Marketing studiert haben, Ihr wollt erfolgreich Produkte verkaufen? Lasst euch erst einmal etwas einfallen, wenn es um den Verkauf eurer eigenen Persönlichkeit geht!"
Ist das Produkt richtig verpackt, erzeugt es Aufmerksamkeit, der Kunde nimmt es in die Hand und überprüft, ob es das ist, was er wirklich haben will. Zurück zur Bewerbung: Erst jetzt geht es um die fachlichen Qualitäten, um das Anforderungsprofil.
Zählen Sie nicht sachlich Ihre Studienschwerpunkte und Praktika lückenlos auf, zeigen Sie den Nutzen auf, den das Unternehmen durch Ihre Mitarbeit hat. Verwenden Sie ruhig konkrete Beispiele, vielleicht verfügen Sie sogar über Zusatznutzen, der über das geforderte Anforderungsprofil hinausgeht.
Gut sind (fast) alle, doch die Unternehmen suchen nicht die Besten, sondern die Richtigen!

EXPERTEN-
BEITRAG

Sie müssen wissen, was Sie wollen. Je konkreter Sie Ihr Ziel definieren können, desto souveräner und selbstbewusster treten Sie auf und wirkt auch die schriftliche Bewerbung. Stehen Sie zu Ihrer Persönlichkeit, zu Ihrer Individualität und zeigen Sie Ihren potenziellen Arbeitgebern, dass Sie etwas Besonderes sind! Bedenken Sie, Ihre Bewerbung muss aus Hunderten oder sogar Tausenden hervorstechen. Darum: Wagen Sie etwas ...
Mit Ihrer Bewerbung, in erster Linie mit Ihrem Anschreiben, müssen Sie Interesse wecken, eine positive Stimmung schaffen – und das bei jemandem, den Sie in der Regel nicht kennen. Das ist bestimmt nicht einfach, aber haben Sie etwas zu verlieren?
Die Entscheidung, ob Sie zum Gespräch eingeladen werden, fällt subjektiv, denn rein objektiv gesehen sind 80% der Bewerber gleichwertig.
Lassen Sie sich etwas einfallen!

Nicht immer warten Bewerber, bis ihr Wunschunternehmen sich entschließt, eine Stellenanzeige zu schalten. Auf gut Glück wird dann einfach die Bewerbungsmappe unaufgefordert versandt, manchmal zum Leidwesen der Personalverantwortlichen, die sich parallel zur Bearbeitung aufgeforderter Bewerbungen nun auch Waschkörben von Initiativ- und Kurzbewerbungen gegenübersehen.

EXPERTEN-
BEITRAG

Initiativ- und Kurzbewerbung – der neue Trend?
Von Bettina Metz, Merck KGaA

Viele Absolventen wundern sich, dass sie auf Kurzbewerbungen in Form von kurzen Faxanfragen, Kurzbriefen und auch nach Telefonanrufen von den Personalern keine Antwort erhalten. Dies geschieht häufig aus dem Grund, dass sich Absolventen unzureichend über die Art und Weise, sich richtig zu bewerben, informieren und keine Vorstellung von der Arbeitsweise von Personalleuten haben.
Die meisten Bewerber sind sehr unsicher, wie der erste Kontakt zu einem Unternehmen aufgenommen werden soll. Dies ist meistens der Fall, wenn der Bewerber sich nicht auf eine kon-

krete Stellenanzeige bewerben kann und daher den Weg einer Initiativbewerbung wählt. Aus dieser Unwissenheit heraus entscheiden sich viele Absolventen – seit neuestem auch auf einfache Weise über E-Mail –, Kurzbewerbungen als Mittel der Wahl zu sehen. Dabei entsteht in der Regel folgendes Missverständnis:

Der Bewerber will den Personaler nicht direkt mit den kompletten Daten überhäufen, und auf den Personaler wirkt dies so, als ob der Bewerber zu bequem war, um eine vollständige Bewerbung zu schreiben.

Zwar besteht durch Internet – und die neuen Medien – der Trend, Informationen schnell und effizient einzuholen und zu übertragen. Doch bei der Bewerbung wird es weiterhin üblich sein, einen kompletten und ansprechenden Aufbau mit einer guten Visualisierung (Lichtbild) zu erstellen. Das Bewerben in Papierform wird trotz elektronischer Medien weiterhin der Weg sein, sich bei Unternehmen zu präsentieren.

Natürlich gilt dies nicht, wenn Online-Jobstellenanbieter, Personalberater oder die Unternehmen selbst mittels strukturierter Fragebogen den Bewerber online bestimmte Daten abfragen. Hier sollte man gut vorbereitet sein und präzise die gewünschten Daten liefern.

Personaler werden überhäuft mit Bewerbungen und machen sich gern ein vollständiges Bild des Bewerbers. Aus welchem Grund sollte sich ein Personalreferent die Mühe machen, vollständige Bewerbungsunterlagen anzufordern, wenn ihm schon genügend andere Komplettbewerbungen vorliegen?

Die telefonische Kontaktaufnahme ist zur Gewinnung von zusätzlichen Informationen sicherlich sinnvoll, ersetzt aber niemals eine Bewerbung. Außerdem ist zu beachten, dass solche Telefonanfragen genauso gründlich vorbereitet werden müssen wie Bewerbungsunterlagen oder Bewerbungsgespräche. Nichts ist schlimmer, als beim ersten Kontakt im Telefongespräch als Bewerber den Anschein zu erwecken, dass man sich weder mit dem Unternehmen noch mit der Stellenanzeige oder der Position selbst genügend auseinander gesetzt hat.

Die Online-Bewerbung

Online-Bewerbungen sind nicht überall gleich willkommen. Das bestätigen Umfragen bei Personalexperten der verschiedensten Unternehmen. Ein Auswertung erfolgreicher Bewerbungen hat überdies ergeben, dass mit 81,5% die klassische schriftliche Bewerbung auf eine Print-Anzeige immer noch auf Rang 1 in der Erfolgsskala rangiert, während lediglich 7,4% der Bewerbungen via E-Mail zum Erfolg, also zur Einstellung führen.

Zukünftig mehr Online-Bewerbungen

Dennoch wird der Stellenwert der Online-Bewerbungen in der Zukunft weiter zunehmen. Und schon heute sind sie eine wichtige Ergänzung zur gewissermaßen „klassischen" schriftlichen Bewerbung.

Topaktuell oder lästig? Initiativanfragen und Erstkontakt via E-Mail

Wie reagieren Experten auf Online-Bewerbungen?

EXPERTEN-MEINUNG

Beiersdorf AG: „Das Internet verstärkt die Flut der Initiativbewerbungen, von der wir überschüttet werden. Wir schaffen es einfach nicht, jede individuell zu behandeln und reagieren oft mit Standardabsagen. Wenn eine Stelle zu besetzen ist, inseriert der Konzern gezielt oder sucht über Headhunter. Online-Bewerbungen werden bei uns nicht als vollgültig angesehen und aus den genannten Gründen auch nicht geschätzt."

BASF AG: „Wir sollten uns diesem Medium gegenüber offen zeigen. Bisher sind die Meinungen dazu gemischt."

Shell AG: Bei der Shell AG sind „Linienverantwortliche von Online-Bewerbungen schwer zu überzeugen".

Lufthansa: Bei der Lufthansa müssen „die Fachbereiche erst zu Online-Bewerbungen hingeführt" werden.

EXPERTEN-MEINUNG

Henkel: Immerhin eine „positive Tendenz" gegenüber Internet-Stellengesuchen beobachtet Anette Nagel, Personalverantwortliche bei Henkel. Generell bevorzugt jedoch auch der Kosmetikriese die klassische Bewerbung in Papierform, um sich ein erstes Bild des potenziellen Mitarbeiters zu machen. Doch ab Herbst 1998 wird Henkel wie auch die Lufthansa und die BMW AG ein eigenes Bewerbungsformular ins Netz stellen – ein Versuch, von dem man sich erhofft, dass er die Personalakquisition effizienter macht.
Daimler Benz AG: Bei der Daimler Benz AG gestaltet ein Projektteam die Online-Stellenbörse derzeit so um, dass sie auch für Internet-Bewerbungen genutzt werden kann.

Andere Arbeitgeber, wie die R+V Versicherung oder debis, haben bereits die Erfahrung gemacht, dass das Einstellungsverfahren im Haus durch das Netz effektiver wurde. Sie sind dabei, ihre Internet-Personalseiten auszubauen und „die gebotene Technik stärker zu nutzen".
Geschätzt wird das Medium eigentlich nur da, wo es konsequent dazu eingesetzt wird, die Mitarbeiterakquisition zu vereinfachen, sprich der Personalabteilung Arbeit zu ersparen.
(Quelle: FOCUS Online)

WICHTIG

Auch eine Anfrage via E-Mail ist eine offizielle Anfrage an einen Personalverantwortlichen. Massenanfragen, Rechtschreibfehler sowie legere Ansprache, wie im Internet üblich, sind hier unangebracht.

Empfehlungen zu Optik und Inhalt

Der Absender

Keine DIN-Vorschriften

Anders als bei einer schriftlichen Bewerbung, in der man den Absender im Briefkopf des Anschreibens und unter „Persönliche Daten" im Lebenslauf auf Anhieb erkennen kann, gibt es für die

Online-Bewerbung keine DIN-Vorschriften. Dennoch hat der Empfänger natürlich ein Recht zu erfahren, wer ihm denn diese Mail geschickt hat.

Postanschrift und Telefonnummer angeben

Für gewöhnlich beantwortet man E-Mails am schnellsten auch per E-Mail. Selten wählt man den Weg des Telefons, Fax oder der Briefpost. Prinzipiell genügt also die E-Mail-Adresse. Trotzdem empfehle ich, die komplette Adresse mit Telefonnummer anzuhängen, mindestens aber den kompletten Namen, die Telefonnummer und zur Sicherheit nochmals die E-Mail-Adresse. Haben Sie ein Anschreiben angehängt, das den Standards der schriftlichen Bewerbung entspricht und demnach die Adresse beinhaltet, können Sie selbstverständlich auf die Eingabe der Adresse in der Mail verzichten.

WICHTIG

Vermeiden Sie es, E-Mails vom Computer Ihres derzeitigen Arbeitgebers aus zu versenden. Denken Sie auch daran, dass Firmen-Korrespondenz nicht dem Verfasser gehört; dazu zählen auch E-Mails. Im schlimmsten Fall kann es zur Kündigung führen, wenn Ihr aktueller Arbeitgeber Wind von der Sache bekommt.

Der Empfänger

Wie bei den Absenderangaben, gibt es für die Online-Bewerbung auch keine Vorschriften für den Empfänger. Empfängerdaten wie Firma, Abteilung, Name, Straße und Ort entfallen, da jede E-Mail-Adresse eindeutig ist und vollkommen ausreicht, um die E-Mail bei dem von Ihnen gewünschten Ansprechpartner ankommen zu lassen.

Konkrete E-Mail-Adressen bevorzugt

Normalerweise enthält eine Anzeige einen konkreten Ansprechpartner und entsprechend eine konkrete E-Mail-Adresse wie „Personalername@unternehmen.de". Adressen wie „info@unternehmen.de", „webmistress@unternehmen.de" oder „webmaster@unternehmen.de", ja selbst „personalabteilung@unternehmen.de" sind in der Regel Sammeladressen und dementsprechend anonym. Eingehende Mails werden – günstigstenfalls – intern weitergeleitet. Leider erfahren Sie nicht an wen. Schicken Sie eine elektronische Bewerbung niemals ins Blaue, sondern an eine konkrete Person. Wenn Sie sich nicht ganz sicher sind, fragen Sie vorsichtshalber im Unternehmen nach.

Die Cc- bzw. Bcc-Felder

Absolute „Don'ts"

Cc-Felder (Cc = copy carbon) verwenden Sie immer dann, wenn Sie Ihre Nachricht an verschiedene Empfänger schicken.

Den gleichen Effekt erreichen Sie natürlich auch, wenn Sie mehrere Empfänger-Adressen im Feld „Empfänger" eingeben. Bcc-Felder (Bcc = blind copy carbon) dienen dem gleichen Zweck, mit dem Unterschied, dass der Verteiler für den Empfänger unsichtbar bleibt.

Grundsätzlich sind beide Felder „Cc" und „Bcc" für Bewerbungszwecke absolute „Don'ts". Bewerbungen sollten immer an eine bestimmte Person adressiert sein und entsprechend individuell formuliert werden.

Betreff

Betreff genau formulieren

Wie beim schriftlichen Anschreiben, sagt der Betreff aus, aus welchem Grund, Sie die Mail versenden. Geben Sie dem Empfänger die Chance, in der Flut der E-Mail auf Anhieb zu erkennen, worum es im Mail geht. Begriffe wie „Bewerbung" oder „Bewerbung um die Stelle des Sales Manager" helfen dem Empfänger, Sie gleich richtig einzuordnen.

Datum

Jede elektronische Mail erhält automatisch einen Datumsstempel. Sie brauchen also kein Datum einsetzen.

Inhalt, Text

Auf Anlagen verweisen

Ob Sie nur kurz auf sich aufmerksam machen und auf Anlagen (Attachments) verweisen oder die Mail selbst als Anschreiben formulieren: Halten Sie sich immer vor Augen, dass sich die Online-Bewerbung inhaltlich nicht von der klassischen schriftlichen Bewerbung unterscheidet.

Das sollten Sie beachten

- Informieren Sie sich wie bei der klassischen schriftlichen Bewerbung umfassend über das Wunschunternehmen. Es bietet sich an, das Internet für die Recherche zu nutzen.
- Fassen Sie sich so kurz wie möglich. Gliedern Sie den Text übersichtlich. Achten Sie darauf, dass der Leser ohne Mühe den Text überfliegen kann.
- Achten Sie auf Ihren Sprachstil. Umgangsprache, flapsige Ausdrucksweise und User-Jargon haben in einer Online-Bewerbung nichts verloren.
- Eliminieren Sie Tipp- und Flüchtigkeitsfehler.
- Lassen Sie Ihre Texte gegenlesen.
- Beenden Sie Ihre Mail wie das traditionelle Anschreiben mit einer Grußformel und Ihrem Namen. Vergessen Sie nicht, nochmals Ihre E-Mail-Adresse (und ggf. eine Telefonnummer) aufzuführen.

Anlagen (Attachements)

Lebenslauf immer als Anlage senden

Es ist Ihre Entscheidung, ob Sie Ihre E-Mail kurz halten und das Anschreiben als Anlage mitliefern oder das Anschreiben gleich in die E-Mail einfügen.

Der Lebenslauf sollte immer als Anlage versandt werden. Verwenden Sie bei der Erstellung der Dokumente die heute gängigen Formate, wie „txt“ oder „doc“. Für unkomplizierte Textdokumente empfiehlt sich auch das Rich Text Format (*.rtf), das in alle gängigen Textverarbeitungssysteme konvertiert werden kann. Wenn Sie über eine eigene Homepage verfügen, können Sie in der Bewerbung darauf hinweisen.

WICHTIG

Die maximale Größe einer Mail sollte einen Umfang von etwa 20 Seiten einschließlich Zeugnissen und Foto nicht überschreiten, auch wenn Sie die Dateien komprimieren. Nur wenige Personalverantwortliche erwarten komplette Unterlagen online. Ein Anschreiben sowie der Lebenslauf genügen meist vollkommen.

Bei der Erstellung der Anlagen sollten Sie auch bedenken, dass der potenzielle Arbeitgeber die Dateien ausdruckt, um sie leichter lesen zu können und um sich ggf. Notizen zu machen. Oft leidet dann ein besonders kunstvoll erstelltes Layout.

UNSER TIPP Stellenanbieter sollten nicht die Adressaten Ihrer allerersten E-Mail-Versuche sein. Versenden Sie vorab Ihre Bewerbung testweise an eine Person Ihres Vertrauens oder an sich selbst, um sicherzugehen, dass die Mail lesbar ankommt und die Anlagen zu öffnen sind.

Vorab prüfen, ob Online-Bewerbung erwünscht

Bevor Sie sich für eine Online-Bewerbung entscheiden, sollten Sie prüfen, auf welche Art das Unternehmen die Kontaktaufnahme bevorzugt. Die firmeneigenen Stellenangebote im Netz verraten dies meist. Auffallend häufig: Auf den firmeneigenen Internet-Jobseiten – z. B. bei der Kirch-Gruppe – steht nur die Postadresse der Personalabteilung, aber kein E-Mail-Account. Klare Botschaft: Bewerben Sie sich nicht online. Steht unter der Jobofferte nur eine E-Mail-Adresse, dient diese in der Regel einer ersten Anfrage mit Kurzprofil. Eine ausführliche Mappe sollte auf dem Postweg folgen, vorausgesetzt, die Mail löst eine positive Rückmeldung der Personalabteilung aus. Stellt das Unternehmen Fragebögen oder standardisierte Formulare ins Netz, erwartet es, dass der Bewerber diese auch nutzt.

Die häufigsten Fehler bei der Online-Bewerbung

Massenmails Ähnlich verpönt wie Serienbriefe bei der schriftlichen Bewerbung.

Nicht lesbare Bewerbung Mails können nicht lesbar sein aufgrund fehlenden oder mangelhaften Layouts oder weil deren Anlagen nicht in gängigen Dateiformaten geschrieben sind.

Bewerber passt nicht zur ausgeschriebenen Position Prüfen Sie bei einer Print-Anzeige das Anforderungsprofil der Position und gleichen Sie es mit Ihrem persönlichen Profil ab. Vermeiden Sie die Einstellung „Ich frag mal eben an. Mit E-Mail ist das ja möglich." Außer den Personalverantwortlichen zu verärgern, erreichen Sie wahrscheinlich nichts.

Bewerbung enthält keine Information Viele Bewerber neigen dazu, vor der eigentlichen Bewerbung eine Kurzanfrage an das Unternehmen zu senden. Leider sind diese Anfragen meist so allgemein, dass man sie kaum sinnvoll beantworten kann.

Unklar, auf welche Position sich der Bewerber meldet In 90 % der Fälle wird bereits in der E-Mail-Anfrage vergessen mitzuteilen, für welche Position sich der Bewerber interessiert. Anhand des Profils muss dann geprüft werden, welche Position es denn sein könnte. Gehen Sie jedoch davon aus, dass nicht jedes Unternehmen bereit ist, Ihr Profil mit den ausgeschriebenen Positionen abzugleichen.

GOLDENE REGELN

Was zeichnet eine erfolgreiche Online-Bewerbung aus?

1. Behandeln Sie eine Online-Bewebung wie eine klassische schriftliche Bewerbung.
2. Verwenden Sie beim Versenden Ihrer Anfrage kein Firmen-Account, sondern eine private, neutrale Adresse.
3. Schicken Sie Ihre Anfrage nichts ins Blaue, sondern an eine konkrete Person. Fragen Sie ggf. im Unternehmen nach.
4. Versenden Sie individuelle Mails. Unterlassen Sie Auflistungen im Feld „Cc" bzw. „Bcc".
5. Füllen Sie das Feld „Betreff" aus. Nennen Sie darin die Position, für die Sie sich bewerben. Fassen Sie die Anfrage in Schlagworten zusammen.
6. Formulieren Sie Ihre Anfrage kurz und prägnant.
7. Achten Sie auf Ihre Sprache und einen höflichen Umgangston.
8. Kontrollieren Sie vor dem Absenden der Anfrage den Text nochmals auf Rechtschreibung und Syntax. Lassen Sie die Mail zur Sicherheit gegenlesen.
9. Versenden Sie Anlagen in heute üblichen und lesbaren Formaten, wie „*.txt", „*.doc" bzw. „*.rtf".
10. Senden Sie nur dann eine Online-Bewerbung, wenn dies vom Unternehmen auch ausdrücklich gewünscht ist.

Was sagen Experten dazu?

EXPERTEN-
BEITRAG

Jobsuche und Bewerbung per Internet

Von Christopher Funk, Jobs & Adverts Online GmbH

Das Jahr '97 war für Deutschland auch das Jahr des Internets: Immer mehr Unternehmen und Privatpersonen erkannten die Vorteile des weltweiten Computernetzes. 1998 wird das Jahr sein, in dem das neue Medium auch im Bereich Personalrekrutierung einen explosiven Schub erhalten wird. Gerade für Hochschulabsolventen bietet sich das Internet als Medium zur Vorbereitung des Berufseinstiegs an, wissen doch die Personalabteilungen, dass gerade diese Zielgruppe sehr gut mit Internet-Zugängen versorgt und somit auf diesem Wege erreichbar ist.

Durch das Internet lassen sich viele Probleme, die mit einem Berufseinstieg verbunden sind, mit einer Klappe schlagen: Das Netz bietet eine Vielzahl von Quellen, die über die Situation am Arbeitsmarkt Aufschluss geben. Daneben lassen sich gezielt und schnell Angaben über infrage kommende Arbeitgeber sammeln, so dass Sie nicht selten einen wichtigen Informationsvorsprung erreichen können.

Sie finden eine große und stetig wachsende Zahl von Stellenangeboten und können sich so eine gute Marktübersicht verschaffen sowie Ansatzpunkte für Bewerbungen erhalten. Daneben gibt es immer mehr Offerten, die in der Zeitung gar nicht auftauchen, also exklusiv online geschaltet sind. Stellenangebote finden Sie in erster Linie in einem der zahlreichen Stellenmärkte sowie über so genannte Meta-Suchmaschinen, welche die Angebote bündeln, oder auf den Web-Seiten der suchenden Unternehmen. Sie können sich vielfach direkt online bewerben oder Kontakte herstellen. Dies bietet Ihnen einige Vorteile. Zum einen können Sie zeigen, dass Sie mit dem Internet vertraut sind, zum anderen ist dieser Weg um einiges schneller als der herkömmliche.

Nicht zu unterschätzen ist die Möglichkeit, sich aktiv durch ein Stellengesuch und/oder eine eigene Web-Seite den Unternehmen zu präsentieren. Ihre Suche lässt sich einfach auf den ge-

EXPERTEN-
BEITRAG

samten Globus ausdehnen. Gute Startpunkte für die Jobsuche im Internet sind die deutschen Kataloge Web.de (www.web.de), Dino (www.dino-online.de) oder Yahoo (www.yahoo.de). Daneben gibt es die Job-Meta-Suchmaschinen der Zeit (www.jobs.zeit.de), Jobworld (www.jobworld.de) oder Cesar (www.cesar.de). Speziellere Berufsbezeichnungen lassen sich auch recht erfolgreich über die einschlägigen Suchmaschinen finden.

In den Katalogen finden Sie auch Links zu den zahlreichen Stellenbörsen. Einen guten Überblick erhalten Sie in der Auflistung des Redaktionsdienstes „Internet Intern" (http://www.intern.de/allg/ts_jobs.html). Mit Abstand die meisten Stellenangebote hat der Stellenmarkt Jobs & Adverts (www.jobs.adverts.de) zu bieten. Hier gibt es auch einen gesonderten Bereich, in dem sich Unternehmen den Absolventen mit Einstiegsmöglichkeiten, Praktikums- und Diplomarbeitsmöglichkeiten vorstellen sowie einen sehr gut genutzten kostenlosen Stellengesuchsservice. International bietet sich der Ranking-Service Web21 (www.web21.com) als Einstieg an. Hier werden die Top 100 Jobbörsen International nach Zugriffen aufgelistet.

Wie geht ein Hochschulabsolvent nun am besten bei seiner Bewerbungsstrategie via Internet vor? Hier gibt es so einige Klippen zu umschiffen, damit dieser Weg erfolgreich ist: Haben Sie eine passende Stelle gefunden, so sollten Sie sich so umfassend wie möglich über das Unternehmen, am besten auch die Branche informieren. In den meisten Fällen lässt sich dies recht einfach und in wenigen Stunden über das Netz realisieren.

Grundsätzlich bietet es sich an, vor der Einsendung der kompletten Bewerbungsunterlagen schon einmal Kontakt zu dem Unternehmen aufzunehmen, sofern dies nicht ausdrücklich unerwünscht ist. So können Sie einige wichtige Informationen bekommen: Sie haben einen Ansprechpartner, an den Sie auch die Unterlagen adressieren können; Sie erfahren, in welcher Form die Bewerbung gewünscht wird; Sie können sich in Ihrer weiteren Bewerbung auf den ersten Kontakt berufen und schon mal einen möglichst positiven Eindruck hinterlassen; Sie erhalten möglicherweise wichtige Zusatzinformationen, die Ihre Bewer-

EXPERTEN-BEITRAG

bung noch zielgenauer werden lassen und Sie können sichergehen, ob die Stelle tatsächlich noch frei ist, d. h. ob sich Aufwand und Kosten lohnen. Letzeres ist speziell im Internet zuweilen ein Problem, da die Angebote länger als im Print veröffentlicht werden und diese sowohl von einigen Unternehmen als auch von zahlreichen (kleineren) Stellenmärkten nicht ordentlich gepflegt werden.

Haben Sie sich entschlossen, den ersten Kontakt per E-Mail durchzuführen, so ist es entscheidend, hier genauso viel Sorgfalt aufzuwenden wie bei der klassischen Bewerbung: Wahren Sie die Form – der eher flapsige Internet-Ton ist hier fehl am Platz. Nennen Sie die Stelle, auf die Sie sich bewerben und gehen Sie detailliert darauf ein, warum Sie sich für die Position interessieren und was Sie dafür qualifiziert. Fügen Sie einen kurzen Lebenslauf bei, am besten in der Mail, nicht als Attachment. Schicken Sie Attachments am besten nur nach Aufforderung (Format klären!), es sei denn, es handelt sich um eine ausgesprochene „Multimedia"-Position. Vergessen Sie nicht Anschrift und Telefonnummer.

Aufgrund einer solchen E-Mail kann die Personalabteilung schnell entscheiden, ob Sie in die engere Wahl kommen und sich wieder mit Ihnen in Verbindung setzen. Gibt es länger als eine Woche keine Reaktion, so haken Sie am besten nach, ob Ihre Mail den richtigen Ansprechpartner auch erreicht hat, damit Sie gegenüber den Post-Bewerbungen nicht in Zeitverzug geraten.

Wenn Sie sich an diese Grundregeln halten, können Sie sich veritable Vorteile verschaffen, indem Sie die Möglichkeiten des Internets für sich voll ausnutzen.

EXPERTEN-BEITRAG

Bewerbung über das Internet?

Von Tonio Riederer von Paar und Dominik von Braun, Riederer & Braun Informationsdienstleistungen GmbH (Careernet)

Diese Frage wird gerne gestellt und wiederholt in den Medien diskutiert. Dabei ist vor allem feststellbar, dass die Meinungen erheblich voneinander abweichen und größtenteils einer ver-

EXPERTEN-
BEITRAG

tieften Auseinandersetzung mit diesem Thema entbehren. Eine pauschale Beurteilung pro oder kontra wird dem Sachverhalt nicht gerecht, da selbst auf Unternehmensseite die unterschiedlichsten Meinungen vorherrschen. Und es hängt letztendlich entscheidend von den Unternehmen ab, ob eine Bewerbung über das Internet sinnvoll ist oder nicht.
Tatsächlich gibt es bereits Unternehmen, die eine ausschließliche Bewerbung über das Internet anstreben (Bsp.: Hewlett Packard) bzw. die Online-Bewerbung zu einem festen Bestandteil ihrer Personalarbeit machen (Dr. August Oetker Nahrungsmittel). Aus diesem Grund soll in diesem Beitrag nur auf die Möglichkeiten eingegangen werden, die das Internet für Ihre Informationssuche und Bewerbung bietet. Als Betreiber des Bewerbungs- und Karriereservice Careernet (http://www.careernet.de) betreuen wir zahlreiche Unternehmen bei Personalmarketing- und Rekrutierungsmaßnahmen im Internet und sind grundsätzlich von den Vorteilen, die das „neue Medium" bietet, überzeugt. Zu dieser Meinung trägt auch eine Marktstudie bei, die wir bei etwa 600 Unternehmen durchgeführt haben.

Maximieren Sie Ihre Chancen!
Die „Akademikerschwemme" hat in den letzten Jahren bei Studenten zu einer verschärften Bewerbungssituation geführt. Die durchschnittliche Suchzeit nach einem Arbeitsplatz über alle Fachbereiche beträgt ca. 11 Monate. Die Firmen suchen die Besten und haben die Wahl!
Absolventen sollten daher rechtzeitig (bis zu 6 Monate vor Studienende) einen Bewerbungsmix realisieren, der – je nach angestrebter Stelle – sowohl klassische Bewerbungswege als auch das Internet berücksichtigt. Dass Letzteres eine Rolle spielt, bestätigt unsere Untersuchung:
Bereits 76 Prozent der befragten Unternehmen halten das Internet bei der Ansprache von Hochschulabsolventen für besonders geeignet. Dieses vor allem, da allen Interessierten über das Internet Bewerbungsinformationen rund um die Uhr, weltweit in verschiedenen Sprachen und interaktiv zur Verfügung gestellt werden können.

In Deutschland nutzen bereits über acht Millionen Teilnehmer das Internet (weltweit über 80 Mio.). Studenten und – als neuester Trend – immer mehr junge Berufstätige gehören zu den wichtigsten Nutzergruppen. Studenten haben durch den kostenlosen Hochschulzugang die besten Voraussetzungen, sich mit dem „Web" vertraut zu machen.
Mit den Erfahrungen, die wir innerhalb von drei Jahren in den Bereichen Personalmarketing und Personalrekrutierung im Internet gesammelt haben, empfehlen wir Studenten und Absolventen bei der Bewerbung(srecherche) über das Internet den bereits erwähnten Bewerbungsmix, der sich aus folgenden Bestandteilen zusammensetzen kann:

- Informationsrecherche (offene Stellen etc.)
- Einstellen von Gesuchen in eine Bewerberdatenbank
- Nutzung von Job-Agenten

Informationsrecherche für die Bewerbung
Schon heute findet man zahlreiche Unternehmensinformationen, Stellenanzeigen und Bewerbungstipps auf unternehmenseigenen Seiten oder in unabhängigen Angeboten wie Careernet.
Dabei hat unsere Studie ergeben, dass 56 % der befragten Personalverantwortlichen vor allem die Aktualität der Daten, 53 % die permanente Zugriffsmöglichkeit auf das Angebot und 52 % das zielgruppengerichtete Marketing besonders schätzen. Zu den häufigsten bestehenden oder geplanten Angeboten gehören derzeit mit fast 69 % die Stellenanzeigen, gefolgt von Imageanzeigen mit 50,7 % und E-Mail-Kontaktmöglichkeiten mit 47,9 % der befragten Unternehmen.
Gerade auch kleine und mittelständische Unternehmen, die immerhin 68 % der Erwerbstätigen beschäftigen und 80 % der Ausbildungsplätze stellen, bieten interessante Einstiegsmöglichkeiten und Karrierechancen für Absolventen. Dennoch war es für diese bislang sehr aufwendig, mit Studenten in Kontakt zu treten. Das Internet ermöglicht es nun, kostengünstig, den eigenen Bedarf und Bewerbungsinformationen zu veröffentlichen und Mitarbeiter zu suchen.

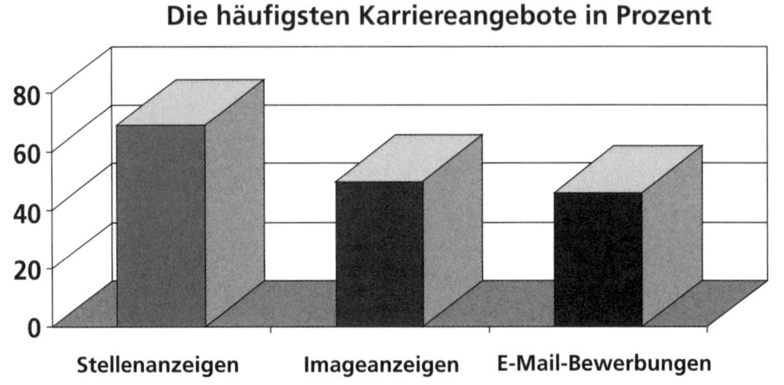

Für Bewerber ist besonders vorteilhaft, dass sich an jedem Tag der Woche, und zu ausgesprochen geringen Kosten, per Mausklick relevante Bewerbungsinformationen wie offene Stellen, Ansprechpartner, Adresse etc. herausfinden lassen. Regelmäßig sind die einzelnen Angebotsmodule durch einen Link miteinander verbunden, was die Informationsrecherche beschleunigt. Darüber hinaus werden Enttäuschungen auf beiden Seiten verhindert und ein besseres „Matching" wird erreicht.

Bei der Bewerbung auf Stellenangebote gehen die Unternehmen je nach interner Arbeitsorganisation und ausgeschriebener Stelle unterschiedlich vor. Die Palette reicht von der Einforderung aussagekräftiger schriftlicher Unterlagen mit Zeugnissen bis zur einfachen E-Mail-Bewerbung. Die gewählte Form ist dabei nicht das ausschlaggebende Kriterium für den Bewerbungserfolg oder die Ernsthaftigkeit der Bewerbung.

Einstellen von Gesuchen in eine Bewerberdatenbank
Neben der Informationsrecherche bieten Bewerberdatenbanken im Internet eine gute Chance, von „passenden" Unternehmen gefunden zu werden. Bei Careernet recherchieren beispielsweise laufend zahlreiche Personalverantwortliche sowie Personalberater im Bewerberpool nach geeigneten Mitarbeitern. Der Eintrag in die Bewerberdatenbanken erfolgt direkt über das Internet und ist in aller Regel kostenlos.

Nutzung von Job-Agenten

Schließlich bietet auch die Nutzung eines Job-Agenten eine interessante Möglichkeit, sein Bewerberprofil mit den Anforderungsprofilen von Unternehmen und Stellenanzeigen abzugleichen. Der Bewerber gibt dabei sein Bewerberprofil über das Internet ein. Dieses wird direkt online mit den vorhandenen Anforderungsprofilen abgeglichen und als Ergebnis erhält der Bewerber alle interessanten Angebote angezeigt.
Sofern kein Angebot vorliegt, wird der Bewerber anschließend per E-Mail informiert, sobald ein Angebot auf sein Profil passt. Dieser Service ist bei Careernet für Bewerber kostenlos und verbessert zusätzlich die Chance, einen interessanten Job zu finden.

Bewerbung über das Internet!

Das Internet sollte bei der Bewerbungsplanung auf jeden Fall neben den „klassischen" Bewerbungswegen Berücksichtigung finden. Der einfache Zugang zum „Web" und die permanente Verfügbarkeit von Informationen, Angeboten und Datenbanken, ermöglichen ein kostengünstiges „Matching" zwischen Angebot und Nachfrage im Arbeitsmarkt. Diese Chance sollte sich niemand entgehen lassen!

Das erfolgreiche Telefonat

In den seltensten Fällen wird es Ihnen gelingen, in einem ersten Telefonat einen Termin zu einem persönlichen Gespräch zu bekommen. Ich persönlich kenne keinen Personalexperten, der qualifiziertes Personal aufgrund eines Telefongespräches zum Vorstellungsgespräch einlädt, ohne vorher die schriftlichen Unterlagen gesehen zu haben. Ein Telefonat ist für Sie aber schon dann erfolgreich, wenn es Ihnen gelingt, gezielt die Informationen einzuholen, die Sie am meisten interessieren, und zugleich sich selbst als interessanten Bewerber zu präsentieren.

Informationen einholen

Die telefonische Kontaktaufnahme mit einem Unternehmen ist immer dann sinnvoll, wenn Sie

- mehr Informationen zu einer ausgeschriebenen Position einholen möchten als die Anzeige beinhaltet. Im Gespräch können Sie bereits klären, ob die Position für Sie infrage kommt.
- sich initiativ bewerben und vorab den Bedarf an Mitarbeitern Ihrer Qualifikation feststellen möchten. In diesem Fall liegt der Vorteil in der Vielzahl der Anfragen, die Sie in kurzer Zeit erledigen können, ohne gleich Bewerbungsunterlagen zu versenden. Darüber hinaus erhalten Sie sofort ein Feedback und müssen nicht tagelang warten. Wichtig ist jedoch, dass Sie sich sehr gut auf dieses Telefonat vorbereiten. Ziel ist es ja, den Gesprächspartner davon zu überzeugen, dass er sich mit Ihnen trifft oder zumindest die Bewerbungsunterlagen anfordert.

Das Telefongespräch planen

Für den Erfolg eines Telefonats ist eine gute Vorbereitung notwendig. Bevor Sie also zum Telefonhörer greifen, sollten Sie sich im Klaren sein, was Sie von Ihrem Gesprächspartner am anderen Ende der Leitung erfahren und was Sie ihm mitteilen möchten. Benötigen Sie nur die richtige Schreibweise des Namens, den richtigen Ansprechpartner, mehr Informationen zur ausgeschriebenen Position oder möchten Sie sich direkt via Telefon vorstellen? Egal, welches Ziel Sie verfolgen, Sie sollten sich auf das Gespräch vorbereiten.

Eine gute telefonische Anfrage weist immer vier Merkmale auf, um erfolgreich zu sein. Am besten lässt sich ein Akronym aus der Werbebranche merken, AIDA.

AIDA

A –	(attention)	Ziehen Sie die Aufmerksamkeit des Gesprächspartners auf sich
I –	(interest)	Wecken Sie in Ihrem Gegenüber Interesse
D –	(desire)	Erzeugen Sie in Ihrem Gegenüber den Wunsch, mehr über Sie zu erfahren
A –	(action)	Bringen Sie Ihr Gegenüber dazu, in Aktion zu treten.

1. Schritt: A – Aufmerksamkeit des Gesprächspartner auf sich ziehen

Ziel des ersten Schritt ist es, nicht abgewimmelt zu werden. Stellen Sie sich kurz vor, wer Sie sind und was Sie tun. Bleiben Sie bei allgemeinen Aussagen. Erzählen Sie gerade soviel, dass Ihr Gesprächspartner neugierig wird. Sie wollen ja zunächst das Gespräch in Gang bringen.

BEISPIEL

„Guten Morgen, Frau Weber. Mein Name ist Hans Klein. Ich bin ein erfahrener Datenverarbeitungskaufmann mit Schwerpunkt im Bereich Netzwerke. Haben Sie etwas Zeit für mich?“

BEISPIEL

„Guten Tag, Herr Dr. Grünwald. Mein Name ist Gudrun Hänschel. Ich bin Junior-Produktmanager für Industriekeramik mit Schwerpunkt in der Badezimmerausstattung. Haben Sie etwas Zeit für mich?“

Mit der Frage „Haben Sie etwas Zeit für mich?“ erreichen Sie zumeist, dass Ihr Gesprächspartner „Ja“ sagt, sodass Sie direkt zum zweiten Schritt Ihres Telefonates übergehen können. Antwortet Ihr Gesprächspartner unerwartet mit einem „Nein, momentan ist es schlecht", fragen Sie ihn, wann Sie wieder anrufen dürfen. Lassen Sie ich nicht einfach abwimmeln. Vielleicht kann ja auch ein Kollege Ihres Gesprächspartners weiterhelfen.

UNSER TIPP Fragen Sie niemals, ob Sie gerade stören. Sie legen Ihrem Gesprächspartner das „Ja" förmlich in den Mund.

Ein abruptes Gesprächsende erzielen Sie auch, wenn Sie Fragen stellen, wie „In welchen Bereich Ihres Unternehmens könnten Sie jemanden mit meinen Qualifikationen einsetzen?" oder „Was macht Ihr Unternehmen eigentlich?" Damit teilen Sie – unausgesprochen – mit, dass Sie den Unternehmen und seinen Besonderheiten nur mäßiges Interesse entgegenbringen.

Werden Sie im ersten Schritt nur so präzise wie nötig. Wenn Sie erreicht haben, dass sich der Gesprächspartner Zeit für Sie nimmt, haben Sie die erste Hürde genommen.

2. Schritt: I – Interesse wecken

Machen Sie sich so interessant, dass Ihr Gesprächspartner mehr über Sie erfahren möchte. Beschreiben Sie Ihre Leistungen. Wichtig ist auch hier, dass Sie sich kurz fassen. Erzählen Sie keine Romane, schweifen Sie nicht ab. Beschränken Sie sich auf die Qualifikationen, die für das Unternehmen bzw. die ausgeschriebene Position ausschlaggebend sind.

BEISPIEL Hans Klein: „Während meiner Ausbildung war ich für die gesamte Betreuung des Firmennetzwerkes verantwortlich. Gleichzeitig war ich bei der Angebotserstellung für Netzwerke aktiv beteiligt. Die anschließende Installation durch unsere Außendienstmitarbeiter habe ich ständig begleitet.

BEISPIEL Gudrun Hänschel: „Für den Bereich Badezimmerausstattung war ich allein verantwortlich. Ich konnte innerhalb von 2 Jahren die Marktanteile von 10 auf 14 Prozent erhöhen, bei gestiegener Qualität und stabiler Preislage. In mein Ressort fiel es auch, die Vertriebsmitarbeiter regelmäßig zu schulen und eng mit ihnen bei der Entwicklung neuer Produktideen zusammenzuarbeiten."

3. Schritt: D – Wunsch erzeugen, mehr über Sie zu erfahren

Mit Ihrer Kurzpräsentation müssen Sie Ihren Gesprächspartner so neugierig machen, dass er Sie näher kennen lernen möchte.

BEISPIEL

Hans Klein: „Ich rufe an, weil ich im August mit meiner Ausbildung fertig bin und eine Anstellung im Bereich Netzwerkbetreuung oder Netzwerkinstallation suche. Entsprechen meine Qualifikationen den Fähigkeiten, die Sie von Ihren Mitarbeitern erwarten?"

BEISPIEL

Gudrun Hänschel: „Ich rufe an, weil ich Ihre Anzeige „Produkt-Manager" in der FAZ gesehen habe. Nach 3-jähriger erfolgreicher Tätigkeit suche ich nun eine neue Herausforderung. Ihr Unternehmen ist mir bereits bekannt; Sie sind in der gleichen Branche tätig. Deshalb möchte ich meine Fähigkeiten Ihrem Unternehmen zur Verfügung stellen. Entspricht meine Qualifikation Ihren Erwartungen?"

4. Schritt: A – Ihr Gegenüber zur Aktion veranlassen

Nachdem Sie sich nun vorgestellt haben und Ihr Gesprächspartner sein Interesse bekundet hat, ist der nächste Schritt, einen Gesprächstermin oder ein weiteres Telefongespräch zu vereinbaren. Höchstwahrscheinlich wird Ihr Gesprächspartner ein bisschen Zeit brauchen, um sich klar darüber zu werden, wie es nun weitergehen soll. Welche Reaktionen können Sie erwarten?

- Der Gesprächspartner führt das Interview fort und möchte Sie genauer kennen lernen. Dies kann wiederum zur Folge haben, am Ende des Interviews einen Gesprächstermin zu vereinbaren.
- Der Gesprächspartner bittet Sie um Zusendung Ihrer Unterlagen. Um sicherzugehen, dass Sie mit dieser Bitte nicht einfach nur abgewimmelt werden, sollten Sie nach den gewünschten Unterlagen fragen. Wenn es sich um eine Initiativbewerbung handelt, sollten Sie sich vorab noch versichern, dass Ihre Qualifikation den Anforderungen entspricht.
- Der Gesprächspartner sagt Ihnen, dass momentan niemand eingestellt bzw. niemand mit Ihrer Qualifikation benötigt wird.
- Der Gesprächspartner vereinbart mit Ihnen einen Gesprächstermin.

Wenn Sie es tatsächlich schaffen sollten, aufgrund eines Telefonates direkt einen Gesprächstermin zu vereinbaren, haben Sie sich nicht nur glänzend verkauft, sondern auch das große Glück gehabt, einen Gesprächspartner mit Zeit und Lust zum Telefoninterview zu erwischen. In den meisten Fällen, werden sich Ihre Gesprächspartner trotz großem Interesse möglichst kurz fassen, sodass man Sie bitten wird, die Bewerbungsunterlagen zuzusenden.

WICHTIG

Vergessen Sie bei der Formulierung der schriftlichen Bewerbung nicht, auf das Telefongespräch hinzuweisen und die wichtigsten Ergebnisse zusammenzufassen, denn sonst kann sich Ihr Gesprächspartner möglicherweise nicht mehr an Sie erinnern.

Telefonieren üben

Sicherlich wird es Ihnen anfänglich nicht so leicht fallen, sich optimal am Telefon zu verkaufen. Üben Sie daher diese Telefonate, z. B. mit einem Freund, bevor Sie die Unternehmen anrufen. Fangen Sie mit dem für Sie am wenigsten Attraktiven an. Vergessen Sie nicht, jedes Gespräch auf Stärken und Schwächen zu analysieren und bereiten Sie sich auf jedes Gespräch neu vor. Vermeiden Sie aber Testanrufe bei Unternehmen, die Sie gar nicht interessieren. Davon haben Sie nichts, weil Sie nicht engagiert bei der Sache sind.

Die telefonische Anfrage vor einer Initiativbewerbung

Erfragen des Ansprechpartners

Bewerbungen, insbesondere Initiativbewerbungen, sollten in erster Linie an die Personalabteilung eines Unternehmens adressiert werden. Um den richtigen Ansprechpartner ausfindig zu machen, genügt meist schon ein Anruf unter der Zentralnummer des Unternehmens. In kleineren Unternehmen ohne zentrale Vermittlungsstellen können Sie Glück haben und erfahren von einem Unternehmensvertreter den richtigen Ansprechpartner.

BEISPIEL

„Guten Tag Herr/Frau XY! Könnten Sie mir bitte sagen, wie sich der Name Ihrer Personalleiterin buchstabiert?"

Am nächsten Tag oder mehrere Tage später rufen Sie noch einmal an. Lassen sich direkt mit der Personalleiterin verbinden. Wenn der Gesprächspartner den Grund Ihres Anrufes wissen möchte, erklären Sie verbindlich, dass Sie das mit der Personalleiterin persönlich besprechen möchten. Möglicherweise ergibt es sich, dass Sie vorab ein bisschen die Lage erkunden können, ohne jedoch Ihre Bewerbungsabsichten preiszugeben.

Wenn Sie jedoch ganz sichergehen wollen, dass es tatsächlich der richtige Ansprechpartner ist, lassen Sie sich mit ihm verbinden. So können Sie dann klären, ob Sie an der richtigen Stellen gelandet sind und ob Bedarf an Ihren Qualifikationen besteht. Sie gelangen mit Sicherheit zum richtigen Ansprechpartner, gewinnen mehr Informationen über eine mögliche Position und haben sich einem Unternehmensvertreter vorgestellt und können so in Ihrem Anschreiben auf dieses Gespräch verweisen – Ihre Referenz.

Referenzen einholen

Referenzen müssen nicht unbedingt über die Personalabteilung eingeholt werden, im Gegenteil, wenn Sie die Fachverantwortlichen von Ihren Fähigkeiten überzeugen und diese dann Ihre Unterlagen anfordern, haben Sie bereits innerhalb des Unternehmens einen Fürsprecher. Weisen Sie in Ihrem Anschreiben auf das Gespräch mit Datum und Uhrzeit hin, fassen Sie die wichtigsten Ergebnisse zusammen und überzeugen Sie – in diesem Fall den Personalverantwortlichen – von Ihren Fähigkeiten.

So kommen Sie an der Sekretärin vorbei

„... ich habe ein Gespräch für Sie. Ein Herr Burger von der Firma ABC. Es geht um ...". Mit dieser Einleitung habe ich selbstverständlich das Gespräch angenommen, um nach den ersten zwei Sätzen festzustellen – ein Bewerber! Einfallsreichtum oder Dreistigkeit?

Denken Sie bei Ihrem Anruf daran, dass am anderen Ende der Leitung nicht die Auskunft, sondern ein Mensch sitzt, der wahrscheinlich nicht auf Ihren Anruf gewartet hat. Stellen Sie also keine

Detektivfragen, machen Sie aber auch nicht allzu viele zeitraubende Umschweife, sondern bemühen Sie sich freundlich, gezielt und überzeugend zu fragen.

BEISPIEL

„Annette Winkler, guten Tag Frau Schmidt."	(Erwiderung der Begrüßung abwarten)
„Können Sie mir weiterhelfen?"	(Reaktion abwarten)
„Ich habe eine Ausschreibung für die Position des Management Trainees gesehen. Ich möchte dem Verantwortlichen meine Unterlagen zusenden. Können Sie mir bitte den vollständigen Namen desjenigen nennen, der für diesen Bereich zuständig ist?	(Name und Vorname des Ansprechpartners erfragen oder bestätigen lassen)
Geben Sie mir doch bitte noch einen Tipp, zu welchen Uhrzeiten Herr/Frau XY gut erreichbar ist?	(Frage nach der besten Erreichbarkeit)
Gibt es bestimmte Tage, an denen ich ihn/sie nicht oder nur schlecht erreiche?	(Nachfrage, um sicherzugehen)
Vielen Dank Frau Schmidt. Auf Wiederhören.	(Nicht vergessen, ein herzliches Dankeschön)

UNSER TIPP Lassen Sie sich nicht gleich im Anschluss an ein solches Gespräch mit dem verantwortlichen Ansprechpartner verbinden, denn meistens werden Sie schlecht vorgestellt werden „Da ist jemand der Sie über die Position Management Trainee ausfragen möchte. Haben Sie Zeit?" Sie können sich denken, dass die Antwort eher zu „Nein" tendiert.

Das telefonische Bewerbungsgespräch

Initiativtelefonat – Nicht auf den Wecker fallen

Ein Initiativtelefonat dient vorwiegend zwei Gründen: dem Einholen weiterer Informationen zu einer ausgeschriebenen Position und dem Wunsch, sich initiativ zu bewerben und vorab den Bedarf an Mitarbeitern Ihrer Qualifikation festzustellen.

✓CHECKLISTE

zur Vorbereitung eines Initiativtelefonats auf eine Stellenanzeige

Analyse des Stelleninserates	▪ Anforderungsprofil ermitteln ▪ weitere Informationen zum Unternehmen beschaffen ▪ Ziele festlegen ▪ Ansprechpartner (Funktion) ermitteln
Fragenkatalog erstellen	▪ zur ausgeschriebenen Position: z. B. Stellung in der internen Hierarchie, Schwerpunkte im Anforderungsprofil? ▪ zum Unternehmen: z. B. besondere Prioritäten, Karrierechancen ▪ zum Beschäftigungsbeginn ▪ zu erforderlichen Qualifikationen (über die Anforderungen im Inserat hinaus) ▪ zum gewünschten Alter des Bewerbers ▪ Sonstiges (Reisen, Auslandseinsätze u. Ä.)

Ziele festlegen

Legen Sie vor dem Gespräch fest, welche Ziele Sie erreichen wollen. Ziele könnten sein, Klarheit über Ihre Chancen zu ermitteln, offene Fragen hinsichtlich des Inserats zu klären, Interesse an Ihrer Person zu wecken. Beachten Sie auch den richtigen Zeitpunkt. Rufen Sie nicht gleich nach Erscheinen des Inserates an, sondern lassen Sie ein paar Tage vergehen. Das Unternehmen hat dann schon eine Reihe von Bewerbungen vorliegen und kann unter Umständen schon exaktere Auskünfte zu Ihren Chancen geben.

Der Ton macht die Musik

Bevor wir Kandidaten zu einem persönlichen Interview einladen, telefonieren wir mit ihnen, um uns einen ersten Eindruck zu verschaffen und offene Fragen zu klären. Meine Kollegen machen sich dann während des Gesprächs nicht nur Notizen zum Inhalt, sondern auch zum persönlichen Eindruck, der während des Gesprächs gewonnen wurde.

Beim Telefonat müssen Sie – mehr noch als beim persönlichen Gespräch – darauf achten, freundlich, bestimmt und gut vorbereitet zu klingen. Ihr Gesprächspartner kann Sie nur hören und legt das, was er hört, entsprechend wörtlich aus. Gehen Sie also sparsam mit Metaphern, Ironie und anderen rhetorischen Mitteln um, die zumeist durch Gestik und Mimik unterstützt werden. Reden Sie langsam und deutlich. Dialekt, Umgangssprache sowie Jugendsprache haben in Telefoninterviews und Vorstellungsgesprächen nichts zu suchen. Stellen Sie sich die Reaktion Ihres Gesprächspartners vor, wenn er Sie nach Ihrer Traumposition fragt und Sie ihm antworten: „Na ja, geiles Betriebsklima, top Bezahlung, starke Kollegen, eben was man sich so wünscht."

Das Telefoninterview – geschickt reagieren

Immer auskunftsbereit sein

Eigentlich wollten Sie nur nachfragen, ob momentan Bedarf an Trainees herrscht und wer der richtige Ansprechpartner für dieses Programm ist. Überraschenderweise ist Ihr Gesprächspartner nicht nur die gesuchte Person, sie hat auch Zeit und Lust, sich mit Ihnen zu unterhalten. Schneller als Sie denken befinden Sie sich mitten in einem Bewerbungsgespräch. Sie werden nach wichtigen Stationen Ihres Lebenslaufes befragt, nach Schwerpunkten Ihrer Ausbildung und zu Ihren beruflichen Interessen. Trotz „Überrumpelung" müssen Sie souverän Auskunft geben können. Wenn Sie jetzt einen guten Eindruck hinterlassen, wird Ihr Gesprächspartner bestimmt Ihre Unterlagen anfordern; Sie können davon ausgehen, dass er sich an Sie erinnert. Wichtig ist, dass Sie gleich im Anschluss an das Telefonat Ihre Unterlagen fertig stellen, sodass sie spätestens zwei Tage später auf dem Tisch des Gesprächspartners eintreffen. Verweisen Sie im Anschreiben auf das Telefonat und signalisieren Sie Ihr Interesse an der Position.

Das geplante Telefoninterview

Im Gegensatz zum Initiativtelefonat und dem unvorhergesehenen Telefoninterview müssen Sie bei einem geplanten bzw. angekündigten Telefoninterview im ersten Schritt nicht mehr auf sich aufmerksam machen und sich „verkaufen". Es gleicht eher einem Vorstellungsgespräch, in dem beide Parteien prüfen, ob sie grundsätzlich zusammenpassen.

Telefoninterviews werden immer beliebter. Es ermöglicht den Unternehmensvertretern, sich schnell einen Eindruck des Bewerbers zu verschaffen, ohne den Aufwand des Vorstellungsgespräches in Kauf zu nehmen.

Telefoninterview: so wichtig wie ein persönliches Gespräch

Bereiten Sie sich auf das Telefoninterview genauso vor, als ob es ein persönliches Gespräch wäre. Fragen zu Ihrer Person, Ihrem Werdegang, Inhalten Ihrer Arbeit und eventuelle Lücken in Ihrem Lebenslauf sollten Sie jederzeit beantworten können. Legen Sie sich am besten Ihre Unterlagen und Ihre Fragen an das Unternehmen neben das Telefon. Vergessen Sie nicht, sich während des Telefonats Notizen zu machen.

WICHTIG

Achten Sie auch beim Telefoninterview auf eine deutliche und verständliche Aussprache. Gehen Sie auch hier sparsam mit rhetorischen Mitteln um, die zumeist durch Gestik und Mimik unterstützt werden. Wenn Sie nach einer gewissen Zeit den Gesprächspartner besser kennen, können Sie den Gesprächsstil immer noch anpassen.

Nachhaken – Machen Sie sich nicht unbeliebt

BEISPIEL

Im Rahmen meiner Bewerbungsaktivitäten vor einigen Jahren erhielt ich einen Anruf, in dem der Personalverantwortliche des Unternehmens Interesse an meiner Person bekundete und mir den Vorschlag machte, den Geschäftsführer sonntags gegen 16 Uhr am

Flughafen in München zu treffen. Offensichtlich war dieser auf der Durchreise und hätte das Gespräch einschieben können. Leider war ich an jenem Wochenende nicht in meiner Heimatstadt, sondern geschäftlich unterwegs. Ich sagte diesen Termin also ab und erkundigte mich nach einem Ausweichtermin. Mein Gesprächspartner kannte jedoch den Terminkalender des Geschäftsführers nicht und vertröstete mich auf das nächste Telefonat. Es vergingen einige Tage, bis mir auffiel, dass dieses Telefonat doch sehr lange auf sich warten ließ. Ich hakte also nach und erkundigte mich, ob eine einmalige Terminabsage das Interesse an meiner Person derart abgeschwächt hatte, oder das Interesse weiterhin besteht, sodass wir einen neuen Termin vereinbaren können. Wir einigten uns auf einen Termin und führten dann ein für beide Seiten erfolgreiches Gespräch.

Dieses Beispiel zeigt, wie wichtig es ist, am Ball zu bleiben. Hätte ich nicht nachgehakt, wäre das Gespräch möglicherweise nie zustande gekommen und damit auch nicht mein Jobwechsel.

Nachhaktelefonate sollten Sie immer dann führen, wenn Sie das Gefühl haben, das Unternehmen hat Sie „vergessen". Die Kunst ist jedoch, Ihre Wünsche zum Ausdruck zu bringen, ohne aufdringlich zu werden oder sich unbeliebt zu machen.

Wann also sollten Sie nachhaken und worauf also sollten achten?

Keine Reaktion auf Ihre Initiativbewerbung

Wann man nachhaken sollte

Bei Initiativbewerbungen ist das Unternehmen nicht verpflichtet, Ihre Bewerbung zu bearbeiten; womöglich erhalten Sie nicht einmal Ihre Unterlagen zurück. In diesem Fall sollte Ihr Nachhaktelefonat mehr als die Bestätigung des Bewerbungseinganges zum Ziel haben. Machen Sie den Personalverantwortlichen auf sich aufmerksam, sodass er neugierig auf Ihre Unterlagen wird. Verkaufen Sie sich nachträglich als potenziellen Kandidaten für das Unternehmen.

Keine Reaktion auf Ihre Bewerbung auf Anfrage

Das Unternehmen hat Ihre Unterlagen angefordert bzw. Sie haben sich auf eine Anzeige beworben. In der Regel erhalten Sie nach kurzer Zeit eine Eingangsbestätigung. Bleibt dieses Schreiben mehr als zwei Wochen aus, sollten Sie beim Unternehmen unbedingt nachfragen, ob die Bewerbung eingegangen ist. Wurde das Unternehmen von der Bewerbungsflut überwältigt, kann es durchaus vorkommen, dass die schriftliche Eingangsbestätigung noch auf sich warten lässt. In jedem Fall erhalten Sie jedoch im Telefonat die Bestätigung, ob die Unterlagen angekommen sind.

Terminabsprache für ein Vorstellungsgespräch

Nicht immer finden Unternehmensvertreter und Kandidaten einen gemeinsamen Gesprächstermin. Je höher die Qualifikation desto schwieriger. Denken Sie jedoch daran, dass auch bei der Terminabsprache weder Sie noch das Unternehmen Bittsteller sind, sondern gleichberechtigte Partner. Beide Parteien sollten genügend Zeit mitbringen, um das Gespräch in Ruhe führen zu können. Ist eine spontane Terminabsprache nicht möglich, kann es durchaus sinnvoll sein, ein weiteres Telefonat zu führen. Wenn Sie innerhalb einer Woche nichts vom Unternehmen hören, sollten Sie aktiv nachfragen und von sich aus Terminvorschläge machen.

Offene Fragen nach erfolgreichen Gesprächen

Am Ende eines Telefoninterviews, eines persönlichen Interviews oder auch eines speziellen Auswahlverfahrens hat man oft das Gefühl, alles erzählt und alles Wichtige über das Unternehmen und die Position erfahren zu haben. Doch kaum verlässt man das Gebäude oder berichtet von seinem Erfolg, stellt man fest, dass es doch noch einige offene Fragen gibt. In diesem Fall haben Sie es sehr viel leichter, telefonisch Auskunft einzuholen. Sie kennen bereits den Gesprächspartner, Sie können an einem gemeinsamen Punkt anknüpfen und durch ein weiteres Gespräch können Sie sich bei Ihrem Gesprächspartner noch interessanter machen.

WICHTIG

Bereiten Sie ich auf diese Gespräche gut vor. Verwischen Sie nicht den guten Eindruck des Interviews durch ein schlechtes Nachhaktelefonat.

Rückfragen bei einer Absage

Rückfragen bei Absagen sollten Sie davon abhängig machen, wie weit das Bewerbungsverfahren bereits gediehen ist.

Erhalten Sie Ihre Unterlagen mit Absage auf eine Initativbewerbung oder auch auf eine ausgeschriebene Position zurück, können Sie sich die Arbeit sparen. Sie sind bereits im ersten Auswahlverfahren aussortiert worden. Egal, aus welchem Grund man sich gegen Sie entschied, man wird Ihnen höchstwahrscheinlich keinen Grund nennen.

UNSER TIPP Wenn Sie davon überzeugt sind, dass Sie der ideale Kandidat sind, sollten Sie es nochmals mit einem Telefonat versuchen. Allerdings nicht, um die Gründe für die Absage herauszufinden, sondern um sich erneut interessant zu machen.

Sobald das Unternehmen Sie durch ein Telefoninterview, ein persönliches Gespräch oder sogar in einem speziellen Auswahlverfahren wie einem Assessment-Center kennen gelernt hat, sollten Sie nach den Gründen für die Absage fragen. Meist wird man Ihnen schriftlich mitteilen, dass man einen Kandidaten gefunden hat, der den Anforderungen noch besser entspricht. Versuchen Sie dennoch, von Ihrem Gesprächspartner konkrete Gründe zu erfahren.

WICHTIG

Drängen Sie Ihren Gesprächspartner nicht und machen Sie sich nicht unbeliebt durch hartnäckiges Nachfragen. Bleiben Sie freundlich und machen Sie dem Gesprächspartner plausibel, warum es für Sie wichtig ist, die Gründe für die Absage zu kennen.

BEISPIEL

„Gudrun Hänschel, guten Tag Herr Dr. Grünwald. Ich möchte mich noch einmal für das interessante und informative Gespräch bedanken und die schnelle Reaktion. Leider erhielt ich eine Absage. Um meine zukünftige Stellensuche zu erleichtern, würde ich gerne wissen, warum man mich nicht für die Stelle ausgewählt hat."

Notizen während des Telefonats

Grundsätzlich sollten Sie sich während des Telefonats alle relevanten Punkte notieren. Zusatzinformationen, die Sie so erhalten, können Sie gut für das Anschreiben nutzen und damit Ihren Mitbewerbern die entscheidende Nasenlänge voraus sein. Schreiben Sie eine Zusammenfassung des Gesprächs; notieren Sie auch den persönlichen Eindruck, den Sie gewonnen haben.

Informationen sichern Vorsprung

Wann ist die beste Zeit für ein Telefonat?

Führungskräfte fangen bei uns oft früh an zu arbeiten. Später verschwinden Sie meist in Besprechungen. Nachmittags sind sie selten besser gelaunt als am Morgen. Versuchen Sie es doch einmal nach 17:30 Uhr, dann ist Ruhe eingekehrt, das Verwaltungspersonal ist nicht mehr dazwischengeschaltet und die Personalexperten haben eher Zeit und Muße, sich mit einem Bewerber auseinander zu setzen. Möglicherweise eine willkommene Abwechslung. Ungünstig für Anrufe ist der Montag, da hier viele Besprechungen stattfinden.

Nicht am Montag

GOLDENE REGELN

Was zeichnet ein erfolgreiches Telefonat aus?

1. Gute Vorbereitung
2. Der richtige Zeitpunkt
3. Optimale akustisch-technische Voraussetzungen.
4. Lächeln. Man sieht es zwar nicht, aber man „hört" Sie lächeln!
5. Klare Sprache. Sprechen Sie deutlich, ruhig und klar verständlich. Fassen Sie sich kurz.
6. Direkte Ansprache. Sprechen Sie Ihren Gesprächspartner mit Namen an.
7. Mitschreiben. Machen Sie sich Notizen, sodass Sie während des Gesprächs auf einzelne Punkte zurückkommen können.
8. Zuhören: Lassen Sie Ihren Gesprächspartner ausreden.
9. Offene Fragen
10. Positiver Gesprächsabschluss

Das erfolgreiche Gespräch: So stimmt die Chemie

Sie haben eine Einladung zu einem Vorstellungsgespräch erhalten. Herzlichen Glückwunsch! Die erste Hürde ist geschafft. Sie haben mit Ihren schriftlichen Unterlagen überzeugt. Das Unternehmen, bei dem Sie sich beworben haben, hält Sie fachlich für die Stelle geeignet und möchte Sie persönlich kennen lernen. Nun stellen Sie sich folgende Fragen: Wie kann ich mich vorbereiten? Wie kann ich die Zeit bis zum Gesprächstermin gezielt nutzen?

Zeit bis zum Gespräch nutzen

Eine gute Vorbereitung ist die halbe Miete

Für einen Kunden aus der Sportartikelbranche hatten wir eine engagierte Verkäuferin gesucht. Frau Weber schien die optimale Kandidatin zu sein. Dienstagnachmittag, 16 Uhr sollte das Gespräch stattfinden. Nach einer kurzen Begrüßung erläutert uns Frau Weber ihren Werdegang sowie den Grund ihrer Bewerbung und wartet dann gespannt auf unsere Beschreibung der zu besetzenden Position. Als wir sie dann fragten, wie sie sich die Position denn vorstellen würde, zuckte sie mit den Achseln. Die Frage, ob Sie die Produkte kenne, verneinte Sie ebenfalls. Die einzigen Informationen die sie hatte, stammten aus der Anzeige. Etwas dürftig.

Eine andere Bewerberin legte uns im Laufe des Gespräches Ausdrucke unserer Internetseiten auf den Tisch und meinte: „Das interessiert mich. Ich möchte bei der Erstellung der Studien für Medien mitarbeiten. Schon während meiner Ausbildung …“

Das Patentrezept für das erfolgreiche Vorstellungsgespräch gibt es nicht. Aber die Chance, eine langfristige Anstellung in einem Unternehmen zu erreichen, ist umso größer, je intensiver Sie sich auf das entscheidende Vorstellungsgespräch vorbereiten.

WICHTIG

> Verschaffen Sie sich alle wichtigen Informationen über Aktivitäten, Erfolg und Unternehmenskultur Ihres Wunscharbeitgebers. Führen Sie sich nochmals vor Augen, was Sie von der neuen Position erwarten, was Sie dem Unternehmen zu bieten haben.

Wo und wie können Sie sich informieren?

Informationsquellen nutzen

Internet: Viele deutsche Konzerne präsentieren sich bereits im Internet – mit Unternehmensprofilen, Informationen über Berufschancen und Karrierewege, zum Teil sogar mit konkreten Stellenangeboten. Listen mit Adressen deutscher Unternehmen im Internet finden Sie unter: http://www.e-business.iao.fhg.de.

Auch die Internetseiten großer Tages- oder Wochenzeitungen sowie von Magazinen und Wirtschaftsjournalen sind ergiebige Informationsquellen. Vielfach stellen diese Printmedien ihre Archive ins Netz, in denen man online (und oft sogar kostenlos) recherchieren kann.

Handelsregister: Das Handelsregister gibt Ihnen Informationen über das Gründungsjahr, die Gesellschafter und Stammkapital.

Wirtschaftsverbände: Für jede Branche gibt es einen eigenen Verband. Auch hier lohnt ein Anruf.

Nachschlagewerke: Folgende Bücher geben Auskunft

- Adressbuch Wirtschaft
- Handbuch der Verbände, Behörden, Organisationen der Wirtschaft
- „Wer gehört zu wem?" (von der Commerzbank herausgegeben)
- „Hoppenstedt" für Kleinunternehmen und Mittelstand sowie für Großunternehmen
- „Verzeichnis der mittelständischen Industrie"

Nicht jedes Unternehmen ist in diesen Nachschlagewerken zu finden, da der Eintrag nicht kostenlos ist.

Arbeitsamt: Das Arbeitsamt gibt Ihnen ebenfalls auf Wunsch die für Sie interessanten Informationen zu einem bestimmten Unternehmen oder empfiehlt Ihnen zumindest die entsprechende

Literatur. Stellen Sie Ihre Anfrage früh genug, da die Arbeitsämter oft überlastet sind.

Tageszeitungen: Anzeigenteil der Tageszeitungen. Einige Tageszeitungen haben Archive, in die man Einblick nehmen kann ggf. auch über das Internet.

Firmenbroschüren: Sie können natürlich jederzeit Imagebroschüren, Jahresberichte o. Ä. der Firmen anfordern. Ein Anruf in der PR-Abteilung oder dem Marketing genügen meist schon, um die gewünschten Informationen zu erhalten.

Messekataloge: In Messekatalogen von Kontakt- oder Fachmessen finden Sie oft Kurzbeschreibungen der Unternehmen, Produktbeschreibungen sowie statistische Zahlen.

Es besteht jedoch auch die Möglichkeit, unverbindlich bei dem Unternehmen vorbeizuschauen. Oder nutzen Sie eine Firmenführung bzw. einen Tag der offenen Tür des Unternehmens.

Welche Informationen sind wichtig?

Brancheninformationen

- aktuelle Situation des Unternehmens
- Probleme innerhalb der Branche
- neue Errungenschaften im Bereich Technologie oder Produkte
- Anbieter aus dem Ausland (Konkurrenzsituation innerhalb der Branche)
- Einflüsse durch EG-Binnenmarkt
- aktuelle Diskussionen in den Medien

Unternehmensinformationen

- Eigentumsverhältnisse (Rechtsform, Stammkapital, Konzernverbund, Mutter-/Töchter-/Schwestergesellschaften)
- Produkte
- Wettbewerber
- Kunden
- Ansehen/Image
- Tradition, Unternehmensphilosophie

- Präsentation auf dem Arbeitsmarkt (Anzahl der Stellenangebote, zu besetzende Positionen
- Entwicklung (Umsatz, Gewinn, Mitarbeiterzahl, Aktienkurs)
- Organisationsform(en)
- Sponsorentätigkeiten (Sport, Kultur, Umwelt)

Informationen über Ihre Gesprächspartner
Mit dem Einladungsschreiben teilt man Ihnen meist mit, wer Ihre Gesprächspartner und was deren Funktionen sind. Sollten Ihnen diese Informationen fehlen, hilft meist ein Anruf bei der Telefon-Zentrale oder bei der Sekretärin/ Assistentin. Nennen Sie den Grund für Ihre Frage nach der Position des entsprechenden Mitarbeiters; erfahrungsgemäß sind Menschen wesentlich eher bereit, eine Auskunft zu geben, wenn sie den Grund für die Frage kennen.

Die Anreise planen

PKW: Planen Sie Ihre Fahrt so, dass Sie bei Anreise mit dem PKW trotz Staus, Vollsperrungen, kleineren Pannen etc. pünktlich sind. Bei Entfernungen über 200 Kilometer sollten Sie mindestens 50 Prozent der kalkulierten Fahrzeit und bei Strecken unter 200 Kilometer 100 Prozent der kalkulierten Zeit als Reserve dazurechnen.

Reservezeit einplanen

Zug: Bei der Anreise mit dem Zug sollte Ihnen auch die nachfolgende Verbindung ein pünktliches Erscheinen ermöglichen.

Flug: Bei der Anreise mit dem Flugzeug sollten Sie genügend Zeit vor dem Abflug einkalkulieren, um den Flug nicht zu verpassen. Der Flug selbst sollte so gebucht werden, dass Verspätungen von etwa einer Stunde trotz allem ein pünktliches Erscheinen gewährleisten.

Rechtzeitig buchen

Zeitpunkt der Anreise

Vermeiden Sie nächtliche Reisezeiten, sei es im Schlafwagen oder auf der Autobahn, damit Sie nicht unausgeschlafen ankommen. Fragen Sie Ihren Ansprechpartner, ob der Termin auf einen späteren Zeitpunkt verlegt oder eine Hotelübernachtung übernommen wird. In den meisten Fällen bucht das Unternehmen ein Hotel für Sie. Ansonsten sollten Sie sich nach Sonderkonditionen erkundigen.

Reise- und Gesprächs-Utensilien: Was wollen Sie mitnehmen?

Tragen Sie die Kleidung für das Gespräch nicht schon während der Fahrt – sofern es sich um eine längere Anreise handelt! In einem Kleidersack oder Koffer wird das Kleid oder der Anzug während der Reise geschont. Sollten Sie direkt nach dem Interview die Rückreise antreten, so fragen Sie im Empfang, wo Sie Ihr Gepäck abstellen können.

Zum Gespräch sollten Sie mitnehmen:

- den Personalbogen (falls erforderlich)
- das Einladungsschreiben
- Ihre kompletten Bewerbungsunterlagen
- Arbeitsproben, Diplom-Arbeit
- Ihre vorbereiteten Fragen
- Schreibutensilien
- ggf. noch die ausdrücklich angeforderten Unterlagen

Reisekosten

PRAXISBERICHT

Im letzten Jahr hatten wir eine Bewerberin aus Köln für den Bereich PR eingeladen. Sie wollte ein Praktikum von 6 Monaten machen. Eine Woche vor dem Gesprächstermin erkundigte Sie sich, in welcher Höhe wir die Reisekosten erstatten. Da wir in der Regel die Anreise mit der Bahn erstatten, fragten wir vorsichtshalber nach, woher Sie denn anreise. „Köln", war die Antwort. „Wunderbar, die Bahnverbindungen sind hervorragend und die Reisezeit akzeptabel. Wir haben das Gespräch auf 13 Uhr gelegt, sodass Sie ohne Probleme morgens anreisen und nach dem Gespräch wieder abreisen können, es sei denn Sie haben noch in der Stadt zu tut." Blankes Entsetzen schlug uns durch den Hörer entgegen. Sie werde auf jeden Fall am Vortag anreisen. Dreieinhalb Stunden Bahnfahrt morgens wären nicht zumutbar und Sie erwarte, dass wir die Übernachtung bezahlen. Ansonsten würde Sie fliegen. Alle Argumente, dass die Anreise mit der Bahn nicht nur die bequemste, sondern in diesem Fall auch die schnellste Art der Anreise sei, waren vergeblich. Wir wiesen nochmals darauf hin, dass wir die Kosten weder für den Flug, noch für die Übernachtung übernehmen würden.

PRAXISBERICHT

In diesem Fall, konterte sie, wollte Sie uns gar nicht kennen lernen. In solch einem geizigen Unternehmen möchte sie nicht arbeiten. In dieser Frage waren wir uns einig. Wir würden nicht zueinander passen.

In den meisten Fällen wird Ihnen im Einladungsschreiben mitgeteilt, welche Reisekosten erstattet werden. Sollte das nicht explizit genannt worden sein, erkundigen Sie sich vorsichtshalber danach.

Kostenbewusstes Verhalten

Wenn Sie im Besitz einer Bahn-Card oder einer ähnlichen Vergünstigung für die Benutzung von Verkehrsmitteln sind, geben Sie dies bei der Abrechnung an das Unternehmen weiter. Kostenbewusstes Verhalten wird heute aufmerksam registriert.

WICHTIG

Hat ein Unternehmen Sie zu einem Gespräch eingeladen, ist es verpflichtet, Ihnen die Reisekosten zu erstatten. Diese Verpflichtung ist für Sie jedoch kein Freibrief für beliebige Anreise und Übernachtung. Ist ein Unternehmen nicht bereit, die Reisekosten zu erstatten, so muss es Sie auf diesen Umstand hinweisen. Haben Sie dem Unternehmen angeboten, unverbindlich vorbeizuschauen, so müssen Sie für Ihre Reisekosten selbst aufkommen.

Das Gespräch planen

Nachdem Sie die für Sie wichtigen Informationen gesammelt haben, sollten Sie sich auf das Gespräch vorbereiten:

- Formulieren Sie Fragen an das Unternehmen bzw. Ihre Ansprechpartner.
- Bereiten Sie sich auf Fragen zu Ihrem Werdegang vor.
- Machen Sie sich klar, was Sie vom Unternehmen erwarten und was Sie dem Unternehmen zu bieten haben.

Beantworten Sie sich dazu die folgenden Fragen.

Bestimmen Sie Ihr Profil

Erwarten Sie ...	Oder erwarten Sie ...
... klar strukturierte Vorgaben und Ziele?	... Freiraum für eigene Zielfindung?
... viele wechselnde kleine Projekte, häufig neue Aufgaben?	... langfristig laufende Projekte?
... Zusammenarbeit mit den gleichen Leuten?	... Zusammenarbeit mit vielen verschiedenen Leuten?
... Projektverantwortung?	... statt Projektverantwortung mehr Personalverantwortung?
... selbstständiges Arbeiten, hohes Risiko, große Herausforderungen?	... geringes Risiko, minimale Wahrscheinlichkeit von Fehlern?
... dass man Ihnen Kreativität und Neuerungen abverlangt	... das kreatives Arbeiten und Verbesserungen weniger erwünscht sind?
... sehr technische Orientierung?	... weniger technische Orientierung?
... ein hohes Maß an Spezialisierung der aktuellen Fähigkeiten aufbringen zu müssen?	... ein breites Spektrum an Fertigkeiten anwenden zu können?
... schnelles Arbeiten, kurzfristige Stichtage, starker Erfolgsdruck?	... gemäßigtes Arbeiten, keine überstürzten Termine, niedriger Erfolgsdruck?
... hohe Entscheidungsbefugnis und Verantwortlichkeit?	... eingeschränkte Entscheidungsverantwortlichkeit?
... die Chance, Mitarbeiter zu führen?	... keine Mitarbeiter führen zu müssen?
... Teamarbeit?	... bevorzugt allein zu arbeiten?
... personenbezogenes Arbeiten?	... sachbezogenes Arbeiten?

Erwarten Sie ...	Oder erwarten Sie ...
... detailliertes Arbeiten?	... globales Arbeiten?
... ständigen Kundenkontakt?	... wenig Kontakt mit Kunden?
... Arbeit im Innendienst?	... Arbeit im Außendienst?
... ausgedehnte Reisetätigkeit?	... geringe oder keine Reisetätigkeit?
... feste Arbeitszeit?	... flexible Arbeitszeit?
... Arbeit mit nach Hause nehmen zu können, um auch privat über Problemstellungen nachzudenken?	... Arbeiten am Arbeitsplatz zu erledigen und nicht zu Hause darüber nachdenken zu müssen?
... überwiegendes Arbeiten in Räumen?	... überwiegendes Arbeiten im Freien?
... deutsches Management?	... internationales Management?
... häufige Besprechungen mit Vorgesetzten?	... seltene Gespräche mit Vorgesetzten?
... enges Zusammenarbeiten mit Vorgesetzen?	... lockeres Zusammenarbeiten mit Vorgesetzen?
... häufige und detaillierte Leistungsbeurteilungen?	... seltene und allgemein gehaltene Leistungsbeurteilungen?
... Aussicht auf Aufstieg ins höhere Management?	... geringe Aussicht, ins höhere Management aufzusteigen?
... eine Festanstellung?	... eine freie Mitarbeit?
... ein fixes Gehalt?	... eine erfolgsabhängige Bezahlung?
... vorhersehbaren Arbeitsaufwand?	... viele Überraschungen bei der Arbeit?

Theoretisch dürfte nun nichts mehr schief gehen. Wie geht es weiter?

Warum ist die Persönlichkeit wichtig?

PRAXISBERICHT

Für einen Klienten sollten wir die Position „Leiter(in) Controlling" besetzen.
Herr Marquart war einer der Bewerber, der sich entsprechend verändern wollte.
Den schriftlichen Bewerbungsunterlagen zufolge war er ein fachlich sehr qualifizierter Bewerber.
Während des gesamten Gespräches baute er kein persönliches Verhältnis zu uns als Gesprächspartner auf. Er nahm zu Beginn eine normale Arbeitsposition am Tisch ein, die Hände bzw. Arme befanden sich auf dem Tisch. Doch nach kurzer Zeit rückte er mit dem Stuhl vom Tisch ab, lehnte sich zurück, verschränkte die Arme vor dem Körper, schlug die Beine übereinander und schaffte sich regelrecht Distanz.
Im Verlauf des Gesprächs zeigte sich der Kandidat überaus ernst. Zustimmung wurde weder mit einem Lächeln noch mit Nicken erkennbar. Auch verbal blieb der Bewerber unpersönlich. Anstatt „Ich habe ..." oder „Meine Erfahrungen sind ..." verallgemeinerte er seine Aussagen, indem er häufig das Wort „man" verwendete. Die Aussagen an sich sprachen für Kompetenz, doch es fehlte ihnen an jeder persönlichen Note.
Trotz seiner fachlichen Qualifikation haben wir uns gegen ihn entschieden, da er uns während des gesamten Gespräches keine Chance gab, ihn als Persönlichkeit kennen zu lernen.

Persönlichkeit entscheidet

Bei der Fülle an fachlich kompetenten Bewerbern, fällt es dem Personalexperten immer schwerer, die richtige Wahl zu treffen. Schriftliche Unterlagen geben nur einen Hauch der Persönlichkeit wieder, sodass der persönliche Eindruck, den Sie bei Ihren Gesprächspartnern hinterlassen, entscheidend ist.
Im Vorstellungsgespräch steht die kommunikative Ebene im Vordergrund. Was zählt, ist Ihre Persönlichkeit, wie Sie Ihre Kompetenz in Bezug auf die zu besetzende Stelle darstellen, und welche Bereitschaft Sie zeigen, sich zu engagieren.

WICHTIG:

Bleiben Sie ganz Sie selbst! Nur wenn Ihre Körpersprache mit Ihren verbalen Äußerungen übereinstimmt, können Sie überzeugen. Halten Sie sich einfach an die üblichen Regeln der Höflichkeit zwischen Menschen, die sich das erste Mal (geschäftlich) begegnen. Mehr dazu finden Sie in den Abschnitten „Körpersprache" (ab Seite 83) und „Perfektes Erscheinungsbild" (ab Seite 74).

Was sagen Experten dazu?

EXPERTEN-BEITRAG

Worauf legen Experten/Personalleute/Führungskräfte Wert?
Von Peter Ernst, Leiter Personalmarketing bei Hewlett Packard, Böblingen (aus Focus Online, 11/98)

Als Bewerber werde ich durch die Unternehmen üblicherweise auf „Herz und Nieren" geprüft – in manchen Unternehmen werden neben persönlichen Interviews auch Tests und Assessment-Center mit bis zu zwei Tage Dauer praktiziert – bevor ich ein Angebot erhalte. Aber wie stelle ich umgekehrt fest, ob ich zu dem Unternehmen passe? – Bin ich den Aufgaben und den Erwartungen gewachsen? – Werde ich gut mit den Leuten zurechtkommen?
Niemand kann einem Bewerber ernsthaft übel nehmen, wenn er für sich selbst Verantwortung übernimmt und kritisch prüft, ob sich seine eigenen Vorstellungen mit denen des zukünftigen Arbeitgebers decken. Souveräne Vorgesetzte, die eine faire Zusammenarbeit pflegen, schätzen selbstbewusste Bewerber. Ganz anders reagieren Abteilungsdiktatoren und schwache Chefs. Falls Sie den Job bei ihnen trotz des künftigen Ärgers erobern wollen, ist höchste Diplomatie gefordert.
Fragen Sie Ihren möglichen künftigen Vorgesetzten, was er konkret von seinem neuen Mitarbeiter erwartet (auch persönlich), wie er sich seinen idealen Mitarbeiter vorstellt, welche

EXPERTEN-
BEITRAG

Verhaltensweisen er mag und welche nicht, wie er seine Mitarbeiter fördert, wie sein Arbeitsstil ist, wie viel Freiheiten der Entscheidung er Ihnen einräumen wird, welchen eigenen beruflichen Werdegang er hat, seine eigenen Ziele und die seiner Abteilung. Fragen Sie nach den besonderen Herausforderungen/Schwierigkeiten der Aufgabe – die nicht auf dem Papier stehen – insbesondere vor dem Hintergrund von potenziellen Konflikten, Grenzen, Tabus, Widerständen etc. Erkundigen Sie sich über anstehende Veränderungen und lassen Sie sich auf jeden Fall Ihren künftigen Arbeitsplatz zeigen. Versuchen Sie ein Gespräch mit den Kollegen. Fragen Sie sie, was ihnen an ihrer Arbeit besonders gefällt. Machen Sie sich dabei ein Bild über die Beziehung Ihres künftigen Chefs zu seinen Mitarbeitern und der Zusammenarbeit in der Abteilung. Dabei gilt: Keine Antwort ist auch eine Antwort. Vermeiden Sie jedoch Diskussionen. Sammeln Sie nur Informationen, Fakten! Entscheiden Sie später. Sie zeigen damit von Anfang an, dass Sie kein einseitiges, sondern ein partnerschaftliches Verhältnis anstreben."

EXPERTEN-
BEITRAG

Ein Plädoyer für mehr Commitment

Von Gert Stürzebecher, Bertelsmann AG

„Teamfähig, kommunikativ, kreativ, flexibel, analytisch, mobil und international orientiert." Preisfrage: Wer ist das? Antwort: der typische Berufseinsteiger 1997/98, jedenfalls im Bewerbungsgespräch. Garniert wird diese aufschlussreiche Selbstdiagnose in der Regel mit den „schlechten" Eigenschaften Ungeduld und Perfektionismus – als Schwächen getarnte Stärken–, die in Wirklichkeit nahe legen sollen, der Bewerber werde die Geschicke der Firma energisch und mit großer Sorgfalt vorantreiben. Und was denkt der Personalchef? Er gähnt und kann nicht fassen, dass die Menschen heute so uniform, so homogen sind.

Mal ehrlich: Wer sich so beschreibt, hat entweder noch nicht intensiv über die eigene Person nachgedacht, oder er unterschätzt den Personalchef. Im schlimmsten Falle beides.

Wie kommt es zu dieser Stereotypisierung? Bestens informiert über enorm hohe Anforderungen der Unternehmen an den Hochschulabsolventen von heute (und die Führungskraft von morgen) ist man eifrig bemüht, einem vermeintlichen Ideal zu entsprechen. Und die Zunft der Kollegen gießt noch Öl ins Feuer, indem bei jeder sich bietenden Gelegenheit nahezu identische „Wunschprofile" zirkuliert werden. Blind folgen die Kandidaten dem: anstatt das individuelle Profil deutlich herauszuarbeiten und die eigenständige, hoffentlich unverwechselbare Persönlichkeit zu präsentieren, verschmilzt so das Bild zum auf konturenlose und auf nichts sagende Klischees reduzierten, blassen „Bilderbuchbewerber".
Wie kommt das? Wir beobachten heute die Koexistenz und immer engere Verflechtung von Nationalitäten, Glaubensrichtungen, Stilen, Kulturen und Lebensentwürfen. Im Gegensatz zu früher haben wir die Qual der Wahl. Wir haben verlernt, welcher Wert in der bewussten Entscheidung liegt. Ängstlich, etwas zu verpassen, entziehen wir uns dem Entscheidungsdruck und müssen uns doch immer wieder festlegen: für Leistungsfächer in der Schule, für eine Ausbildung, eine Studienrichtung, einen Beruf. Je näher die eigentliche Berufswahl rückt, desto häufiger sieht man, dass viele Entscheidungen nur noch Pseudocharakter haben. Sie dienen dazu, die eigentliche Wahl immer noch ein Stückchen aufzuschieben. Ein wirtschaftswissenschaftliches Studium z. B. schafft eine breite Basis, die uns – wie angenehm – noch auf keinen bestimmten Beruf festlegt. Eine Promotion eignet sich hervorragend, um erworbenes Wissen zu vertiefen und sich aus sicherem Umfeld heraus in aller Ruhe zu orientieren. Ein MBA-Studium verbessert ebenfalls die Chancen auf dem Arbeitsmarkt und soll weitere Optionen eröffnen. Diese findet man schließlich – natürlich nur vorübergehend! – in der Unternehmensberatung. Man arbeitet projektbezogen und ist ja schließlich noch nicht endgültig auf eine Funktion oder ein bestimmtes Geschäftsfeld festgelegt. Man hält sich die Entscheidung eben noch ein wenig offen. Die Beratungsbranche boomt – sicher auch deshalb, weil sie einen eleganten und unverbindlichen Ausweg aus genau diesem Entscheidungs-

dilemma zu bieten scheint – und einen lukrativen noch dazu. Damit wird die vermeintliche Stromlinienform vieler Bewerber erklärlich: Es ist oft die Suche nach einem orientierenden und stetige Wahlmöglichkeiten suggerierenden Stereotyp, einem Leitfaden in einer multioptionalen – und daher viele irritierenden – Welt.

Nur um Missverständnissen vorzubeugen: Dies ist kein Plädoyer gegen Zusatzqualifikationen oder Life-Long-Learning, kein Appell gegen die Flexibilität, und schon gar kein Ruf nach der Renaissance eines übertriebenen Spezialistentums – es ist nur die Forderung nach mehr Commitment! Diese Verpflichtung muss ja nicht gleich einem bestimmten Arbeitgeber oder einem Geschäftsfeld gegenüber gelten, aber mindestens doch einem persönlichen Leitmotiv. Gerade in einer Welt, die ständig mehrdimensionaler wird, sind Orientierung und vielseitige Erfahrung unabdingbare Voraussetzungen für Erfolg. Jedoch werden die modernen Wanderjahre der Gegenwart oft endlos ausgedehnt, ohne dass man am Ende zu seiner tatsächlichen „Berufung" findet. Man wandert in die Breite und damit oft auch nur an der Oberfläche. Man dringt nicht zu den Dingen vor – was bekanntlich zumindest gelegentlich tieferes Schürfen erfordert! Bis man zu spät dann erkennt, dass man sich vielleicht doch früher hätte entscheiden müssen.

Um einem weiteren Missverständnis also vorzubeugen: Generalisten sind gut, wichtig und richtig, und gerade ein Haus wie Bertelsmann braucht Generalisten an der Spitze der vielen Hundert individuellen „Geschäftspersönlichkeiten" (vulgo: Profit-Center). Generalist zu sein bedeutet in diesem Zusammenhang aber gerade nicht, von allem nichts mehr zu verstehen. Generalist sein bedeutet vielmehr, sich eine eigene Plattform zu entwickeln, von der aus man sich die Welt und damit die professionelle Karriere erschließt. Wichtig ist oft gar nicht so sehr, wie diese Plattform im Detail aussieht. Wichtig ist, dass es diese Plattform überhaupt gibt! Die Analyse erfolgreicher Persönlichkeiten lehrt uns, dass es immer wieder die zu etwas bringen, deren Stationen individuell und verschieden sind und sich doch, ähnlich wie in der Musik, um ein bestimmtes Leitmotiv gruppieren. Um dieses eigene Motiv zu finden, bedarf es der gesunden Fähigkeit zur Selbstanalyse. Wer bin ich? Was kann ich? Was will ich tun? Wer möchte ich sein? Pauschalisierte Antwortphrasen in Bewerbungsgesprächen legen die Vermutung nahe, dass dieser Mensch noch viel zu wenig über die eigenen Ziele weiß.

Natürlich werden wir von einem Absolventen keine detailgenaue Projektion der eigenen beruflichen Zukunft erwarten. Dies wäre nicht nur langweilig, es wäre sogar fatal. Umgekehrt sollten Ziele aber auch nicht bis in alle Ewigkeit im Verborgenen schlummern. Ein Sportler, der eine olympische Goldmedaille gewinnen möchte, muss irgendwann mit dem Training beginnen. Dazu muss er wissen, in welcher Disziplin er Spitzenleistungen erbringen möchte. Um zu wissen, ob er Diskuswerfer, Hürdenläufer oder Synchronschwimmer werden möchte, sind Überlegungen notwendig wie: Welche Disziplin kommt aufgrund der eigenen Konstitution infrage? Wo liegen meine Neigungen und Fähigkeiten? Wo kommen diese am besten zum Einsatz? Er optimiert damit unter Nebenbedingungen. Sein Ziel vor Augen, gewinnt unser Sportler schließlich mit dem nötigen Ehrgeiz, Training, Einsatz, mit Disziplin und etwas Glück – vielleicht – die Goldmedaille.

Wenn Bertelsmann im internationalen Wettbewerb antritt, haben wir einen ähnlichen Exzellenzanspruch. Wir möchten unsere Geschäfte besser und erfolgreicher als unsere Mitbewerber machen. Diesen Anspruch haben wir auch an unsere Mitarbeiter. Diese brauchen daher ein ähnliches „mind-set“: Dazu gehören am Anfang immer Ziele, die sie konsequent, mit „Herzblut“ und Kreativität verfolgen und die sie deshalb auch erreichen.

Bertelsmann sucht Unternehmer. Und die globale, stürmisch wachsende Medien- und Kommunikationsindustrie bietet gerade heute fast unerschöpfliche unternehmerische Herausforderungen. Ein guter Unternehmer ist zuerst aber immer ein guter Unternehmer seiner selbst. Wie sollte jemand, der seine eigenen Ziele nicht kennt und sich auf nichts verpflichten will, je verantwortlich anspruchsvolle Ziele für ein ganzes Unternehmen definieren und erreichen?

Perfektes Erscheinungsbild – Kleider machen Leute

Vorstellungsgespräch

Wir suchten einen Mitarbeiter für den Bereich Personalberatung. Seine Aufgaben sollten neben der Betreuung der bestehenden Kunden, die Akquisition von Neukunden sowie der Verkauf von Beratungsprojekten sein. Martin F. gefiel uns aufgrund der Unterlagen am besten. Auch am Telefon machte er einen ganz guten Eindruck. Wir einigten uns auf einen Gesprächstermin.

Pünktlich zum Termin drückte ich Martins feuchtwarme Hand. Mein Blick wanderte – hoffentlich unbemerkt – von den seit längerem nicht mehr gewaschenen und morgens nicht gekämmten Haaren über seinen abgetragenen schwarzen Blazer, das weiße Billig-T-Shirt hin zu seiner ausgewaschenen schwarzen (?) Jeans und den schwarzen Halbschuhen mit den schiefen Hacken.

Mein erster Eindruck: Passt nicht! Auf dem Weg zum Konferenzzimmer fragte ich mich, ob sich das Gespräch überhaupt noch lohnte. Da ich mich vom ersten Eindruck nicht zu sehr beeinflussen lassen wollte, versuchte ich, so positiv wie möglich in das Gespräch zu gehen.

Leider bestätigte sich jedoch der erste Eindruck.

Der erste Eindruck

Der erste Eindruck ist demnach nicht nur von der Art der Begrüßung abhängig, sondern auch stark von Ihrem Äußeren. Bereits während des „Händeschüttelns" mustert Sie der Interviewer und beurteilt Sie – bewusst oder unbewusst. Ihr Auftreten, Ihre Kleidung, Ihre Frisur, nicht zu vergessen Ihr „Duft", Ihre Accessoires, Ihre Make-up – bei Bewerberinnen mehr, bei Bewerbern weniger – sind erste Gradmesser und führen zu einer entsprechenden Einstufung. Wenn Sie mit Ihrem Äußeren nicht unbedingt provozieren wollen, sollten Sie den allgemeinen Gepflogenheiten und den voraussichtlichen Erwartungen Ihres Gegenübers entsprechen. Berücksichtigen Sie aber auch, dass ein sehr konservatives Auftreten, wie es in der Finanz-, Versicherungs- oder Beratungsbranche positiv ankommt, in anderen, designfreudigen und innovativen Branchen als Ausweis fehlender Kreativität gewertet wird.

WICHTIG

Kleiden Sie sich. Verkleiden Sie sich nicht. Bleiben Sie immer Sie selbst. Gehen Sie nicht in „Maske und Kostüm", sondern wählen Sie Garderobe, die Ihre Persönlichkeit betont.

Im Folgenden haben wir versucht, die wichtigsten „Do's and Don'ts" für Kleidung, Frisur, Duft und Accessoires aufzuführen.

Kleidung

Achten Sie also bei der Auswahl Ihres Outfits auf die „Kleiderordnung" des Unternehmens, zumindest aber auf die der jeweiligen Branche. Wenn Sie wissen, dass man vorzugsweise dezente Töne, wie z. B. das so genannte „Bankerblau", oder sehr modische Kleidung, etwa als „Verkäuferin für Modeboutiquen" trägt, dann ist es durchaus empfehlenswert, sich dieser Gepflogenheit anzupassen.

Auszubildende sollten bei der Wahl ihrer Kleidung darauf achten, sich ihrem Alter entsprechend jugendlich zu kleiden. Das strenge Kostüm für die jungen Frauen ist ebensowenig vorteilhaft, wie der Nadelstreifenanzug für den jungen Herrn. Unpassend ist aber auch das andere Extrem, zum Beispiel, sich im Blaumann als Kfz-Mechaniker vorzustellen.

BEISPIELE

Stefanie K. (19) will Fotografin werden. Ihre Präferenz sind Naturaufnahmen, ganz besonders Tiere in ihrer natürlichen Umgebung. Normalerweise trägt sie ihrem Alter entsprechend Freizeitkleidung wie Jeans, T-Shirt oder Sweatshirt und Turnschuhe oder leichte Halbschuhe. Da anzunehmen ist, dass dies auch ihre zukünftige Arbeitskleidung sein wird, ist sie entsprechend ratlos, was sie zum Vorstellungsgespräch am besten anziehen sollte.

Bernd M. (18) hat sich für eine Ausbildungsstelle als Datenverarbeitungskaufmann beworben. Er weiß, dass in seinem Wunschunternehmen Kleidung eher an zweiter Stelle steht.

Was Stefanie tragen könnte: eine Hose oder einen Rock mit passender Jacke (ähnlich einem Kostüm), ein T-Shirt ohne Aufdruck und flotte Sandalen bzw. Pumps anziehen.

Was sie auf keinen Fall tragen sollte: elegante Kostüme oder Hosenanzüge, zu ausgefallene oder hochmodische (und daher eventuell provozierende) Kleidung.

Was Bernd tragen könnte, sollte nicht zu elegant und nicht zu lässig sein: zur langen Hose ein T-Shirt ohne Aufdruck oder ein Hemd, ein jugendlicher Blazer sowie saubere Halbschuhe. In manchen Branchen, wie beispielsweise Banken und Versicherungen, sind Anzug und Krawatte auch für Auszubildende Pflicht.

Was Bernd auf keinen Fall tragen sollte: strenge Anzüge (Nadelstreifen) oder dreiteilige Anzüge (Anzug mit Weste), zu auffällige Kleidung, kurze Hosen, T-Shirts mit Aufdruck, Holzfällerhemden, Turnschuhe.

Grundsätzlich gilt: Die Kleidung soll

- sauber und ordentlich sowie farblich aufeinander abgestimmt sein;
- gute Passform aufweisen;
- nicht in allzu auffälligen Farben gehalten sein;
- durch geputzte und gepflegte Schuhe komplettiert werden, deren Absätze nicht abgelaufen sind.

Outfit passend zur angestrebten Position

Wechselt man nach mehreren Berufsjahren die Stelle, so richtet sich das Outfit immer mehr nach der angestrebten Position. Je höher die Position im Management, desto dunkler werden die Farben, desto hochwertiger die Qualität der Kleidung, desto glänzender die Schuhe. Die Krawatte ist für den Herrn ein Muss.

Planen einer Grundgarderobe

Sie stehen vor Ihrem ersten Schritt ins Berufsleben oder stecken bereits mittendrin. Haben Sie sich schon einmal überlegt, welche Kleidung Sie tatsächlich am meisten brauchen? Um nicht nur im Vorstellungsgespräch, sondern auch dauerhaft während Ihres Berufslebens gut angezogen zu sein, sollten Sie sich eine Grundgarderobe zulegen. Gut gekleidet zu sein ist keine Frage des Geldes, sondern des Geschmacks und auch – wie bei allen anderen Dingen – eine Sache der Planung.

Wenn Sie bei der Wahl Ihrer Garderobe unsicher sind, lassen Sie sich von einem der großen Versandhauskataloge mit den Seiten für

Anzüge, Kostüme oder Kombinationen inspirieren. Sie erhalten Anregungen sowohl für klassische Grundausstattungen als auch für modische Besonderheiten und für die Trends der Saison. Sie müssen ja dort nichts kaufen, aber wenn Sie den Modeempfehlungen folgen, können Sie nicht viel falsch machen.

Lassen Sie sich beraten

Wenn Sie etwas mehr anlegen wollen oder die individuelle Note schätzen, lassen Sie sich in einem qualifizierten Fachgeschäft beraten, was am besten zu Ihrem Typ passt.

Worauf Sie bei der Wahl Ihrer Kleidung noch achten sollten

Anzüge, Kostüme und Mantelkleider

Perfekter Sitz ist wichtig. Achten Sie beim Kauf auf gute Verarbeitung und Qualität. Der Jackettkragen schmiegt sich im Idealfall dicht an den Nacken an, wobei etwa eineinhalb Zentimeter des Hemdkragens oder Blusenkragens sichtbar bleiben. Achten Sie auch darauf, dass der Schnitt nicht zu eng ist und die Ärmel gleich lang sind. Fühlen Sie sich wohl darin? Können Sie sich ohne Probleme bewegen?

Hemden und Blusen

Frauen erscheinen in Blusen immer offizieller als in Pullovern. Allerdings sollte auf Blusen mit großen Mustern und zu viel Spitze verzichtet werden. Männer sollten bei der Wahl ihrer Hemden, auf Kragenweite und Ärmellänge achten. Wählen Sie eine Größe, die Ihnen genügend Luft zum Atmen lässt und nicht den Eindruck vermittelt, Sie steckten in einer Pelle.

Blazer

Anzugkombinationen wirken immer leger und sollten in Branchen wie Banken, Versicherungen und Beratung überhaupt nicht getragen werden. Sollten Sie sich für eine Anzugskombination entscheiden, sollte das Sakko im Farbton immer heller gehalten werden als die Hose. Der Blazer kann auch andersfarbig zur Hose sein.

Beim Zweireiher wie auch bei der Weste bleibt der unterste Knopf geöffnet. Der Einreiher darf während Verhandlungen geöffnet werden, der Zweireiher bleibt mit den übrigen Knöpfen immer geschlossen.

Schuhe

Schuhe sind eine Visitenkarte

Schuhe sind die stilistische Visitenkarte par excellence. Sie müssen immer gepflegt sein (keine schiefen Absätze, nicht ungeputzt). Schuhe und Socken oder Strümpfe sollten immer der dunkelsten Farbe Ihrer Hose oder Ihres Rockes angepasst werden oder dunkler sein. Socken sollten knielang, das Bein nie sichtbar sein, wenn die Beine übereinander geschlagen werden (was im Übrigen bequem, aber im Vorstellungsgespräch nicht immer angebracht ist).

Was Frauen beachten sollten?

Grundsätzlich sollten Frauen im Vorstellungsgespräch vermeiden: zu auffällige Kleidung, sehr kurze Miniröcke, sehr kurze Hosen, Leggings, bauchfreie T-Shirts oder Blusen, übertriebenes Dekolleté, Spaghettiträger, durchsichtige oder auch „dramatisch“ enge Kleidung, Schwindel erregend hohe Absätze, Plateauschuhe, Turnschuhe, zu auffällige Strumpfhosen und knallige Farben.

Position	Empfehlung
Angestellte, Sachbearbeiterinnen, klassische Ausbildungsberufe u. Ä.	■ Kombination aus Blazer und Bluse / Top / Rolli sowie Rock ■ farbige Akzente durch Accessoires ■ Schnürschuhe oder Pumps
Frauen des mittleren und gehobenen Managements	■ Kostüm von guter Qualität ■ dunklere Farben ■ helle Bluse ■ Strumpfhosen ■ dezenter (Mode-)Schmuck ■ dezente Accessoires ■ Pumps

Tabus sind auch lange Rockschlitze, weiße Schuhe, sichtbares Bein zwischen Rocksaum und Stiefel, Laufmaschen, nackte Beine, zu viel Schmuck ebenso wie klimpernder Modeschmuck.

Jede Regel hat auch ihre Ausnahmen. Warum sollte eine Bewerberin für die Position der Verkäuferin in der Sportartikelbranche nicht in den Turnschuhen ihres zukünftigen Arbeitgebers zum Gespräch erscheinen oder mit farbenfrohen Strähnen in den Haaren, wenn sie sich für die Position einer Friseurin in einem Salon für flippige Frisuren interessiert?

Gehen sie auf Nummer sicher und informieren Sie sich nach der „Kleiderordnung“ im Unternehmen. Sollten Sie jedoch nicht die Möglichkeit haben, sich vorab zu informieren, können Sie auch den Empfehlungen der Imageberater (siehe Tabelle) folgen.

Was Männer beachten sollten

Für Auszubildende wie Bernd (in unserem Beispiel) gilt: auffällige Kleidung, kurze Hosen, T-Shirts mit Aufdruck, Holzfällerhemden, Tennissocken, Socken mit Comic-Figuren, Turnschuhe oder Halbschuhe mit dicker Sohle vermeiden.

Position	**Empfehlung**
Angestellte, Sachbearbeiter, klassische Ausbildungsberufe u. Ä.	■ Kombination aus Sakko, Hemd, Hose ■ Sakko heller als die Hose, evtl. gemustert ■ wenig Hell-Dunkel-Kontraste ■ Rollkragenpullover anstatt Hemd möglich ■ sportliche Schuhe
für den Herrn des mittleren und höheren Managements	■ Anzug von guter Qualität und Passform ■ dunklere Farben (anthrazit, marineblau, grau) ■ helles Hemd ■ Krawatte mit dezenter, zeitgemäßer Musterung ■ gepflegte Schuhe mit Ledersohle

Zu den Tabus für Manager zählen: mehr als zwei Muster miteinander zu kombinieren, Anzüge, die nicht zur Figur passen, Krawatten mit Comic-Figuren oder altmodischen Mustern, ausgebeulte Hosentaschen, Slipper zum Anzug, weiße und kurze Socken, und ein zweimal getragenes Hemd.

Auch für männliche Bewerber gelten natürlich die bereits erwähnten Ausnahmen. Weiße Socken und Turnschuhe in der Sportartikelbranche sind natürlich kein Problem.

Wenn Sie jedoch dem Rat der Imageberater folgen möchten, so sollten Sie auf deren Empfehlungen (siehe Tabelle) achten.

Frisur & Haare

Zu einem gepflegten Erscheinungsbild gehört auch eine ebenso gepflegte und gut geschnittene Frisur.

Zeitgemäßer Haarschnitt

Für den Herrn bedeutet das einen zeitgemäßen Haarschnitt. Nicht zu vergessen ist eine perfekte Rasur bzw. ein gepflegter Bart.

Ordentliche Frisur

Für die Frau ist eine ordentliche Frisur ebenso wichtig wie für den Herrn. Für Positionen im höheren Management ist es üblich, lange Haare zurückzunehmen oder hochzustecken.

Duft & Körperpflege

Das Wort „Duft“ ist eigentlich ein positiv besetztes Wort. Düfte können süß, lieblich, zart, fein, blumig, seifig, herb, lieblich, schwer, herzhaft und vieles mehr sein. Auf alle Fälle versteht man unter „Duft“ zumeist etwas Angenehmes, Schönes. Wenn also jemand über den „Duft“ eines anderen die Nase rümpft, hat das selten mit den eben genannten Adjektiven zu tun. Es ist immer wieder erstaunlich, was manche Mitmenschen ihrer Umwelt mit ihrem „Duft“ zumuten. Das können Körper- oder Mundgeruch sein, Alkoholfahnen, Knoblauchduft oder auch Parfüm- und Rasierwasserwolken.

Zurückhaltung bei Düften

Körperpflege ist ebenso wichtig wie das Outfit. Wenn Sie riechen, als ob sie gerade einen Zehntausendmeterlauf hinter sich gebracht hätten, werden Sie zumindest beim Vorstellungsgespräch keine Lorbeeren ernten. Ebenso wenig gern gerochen werden Parfüms oder Rasierwasser, die sich wie eine Dunstglocke über die Anwesenden legen und ihnen die Luft zum Atmen nehmen.

BEISPIELE

Wir hatten mit Corinna B. für 13 Uhr ein Gespräch über eine Position in der Presse- und Öffentlichkeitsarbeit vereinbart. Gegen 12:30 Uhr stand plötzlich eine junge Dame mit Wanderrucksack, Wanderschuhen und kurzen Hosen in der Tür. Recht keck stellte sie sich vor, entschuldigte sie sich für ihr „Zufrühkommen" und erkundigte sich nach Möglichkeit, sich frisch zu machen. „Sicher, hier lang bitte." Als wir dann um 13 Uhr mit dem Gespräch begannen, saß mir eine flotte junge Frau gegenüber, lange schwarze Hose, schicke weiße Bluse, perfekte Frisur, dezentes Make-up, wohlriechend, kurz: ein perfektes Outfit. Ihre Erklärung für Ihren „Aufzug" (wie sie es nannte) war, dass sie direkt nach dem Gespräch in den Urlaub nach Schottland fahren wollte. Diese Erklärung weckte nicht nur unser Verständnis, sondern war, unbeabsichtigt, ein gelungener Einstieg in ein sehr angenehmes Gespräch.

WICHTIG

Achten Sie grundsätzlich darauf, dass Sie Ihrem Interviewpartner wohlriechend gegenüberstehen. Fragen Sie notfalls nach, wo Sie sich kurz frisch machen können, und halten Sie, wenn Sie wissen, dass Sie auf der Fahrt ins Schwitzen kommen können, ein Ersatzhemd oder eine Ersatzbluse bereit. Für Parfüms wie für kräftig duftende Rasierwasser gilt: Gehen Sie sparsam damit um.

Accessoires

Zu einem passenden Outfit und einer gepflegten Erscheinung gehören neben der Kleidung natürlich auch Accessoires und Schmuck. Frauen wie Herren sollten bei den Accessoires auf dezente Farben achten und minderwertige Imitationen (billigen Modeschmuck, Nachahmung teurer Uhren, u. Ä.) vermeiden.

Minderwertige Imitationen vermeiden

Solche Äußerlichkeiten werden natürlich von Branche zu Branche unterschiedlich bewertet. In modernen und weniger konservativ orientierten Branchen, in kleinen, von jungen Unternehmensgründern geführten Betrieben ist der dezente Ohrring beim Herrn sicherlich kein Problem, während bei Banken und

Versicherungen ein Zungenpiercing vielfach als Unmöglichkeit beurteilt wird.

AUF EINEN BLICK

Was garantiert nicht gut ankommt

- Auftritte als „graue Maus" oder „farbenprächtiger Paradies vogel"
- ungewaschene Haare
- unsaubere Brillengläser
- Schuppen auf dunklen Stoffen
- jegliche Art von Gerüchen oder Düften, die sich weiter als fünf Zentimeter von Ihnen entfernen
- Zähne mit sichtbaren Schäden
- struppige Barthaare oder Bärte, die den Mund nur noch erahnen lassen
- knallrote, überlange Fingernägel
- zu viel Schmuck
- zu eng sitzende Kleidung
- transparente Blusen
- zu kurze Röcke
- sichtbares Futter
- Nappalederkleidung
- billige Pullover mit wilden Mustern oder Drucken
- ausgebleichte Jeans
- weiße oder bunte Söckchen zu dunklen Hosen
- hohe Sohlen, Plateausohlen
- Stoffsportschuhe mit Neonstreifen
- schiefe Absätze
- rote, spitze, hochhackige Schuhe oder ausgelatschte Treter
- metallüberzogene Absätze, Sporenstiefel

Körpersprache – Gewinnendes Auftreten trainieren

Hätten Sie gewusst, dass Sie Ihrem Umfeld mehr als 50% der Informationen über Ihre Persönlichkeit und Glaubwürdigkeit durch Körpersprache und nonverbale Kommunikationswege vermitteln? Dazu zählen u. a. Ihr Auftreten, Ihr Gang, Ihre Sprechweise und Ihre Körperhaltung ebenso wie Ihre Mimik oder die Gestik.

Nonverbale Kommunikation

Körpersprache – was sagt sie uns?

Für einen Kunden führten wir ein Assessment-Center mit acht Kandidatinnen und Kandidaten durch. Am Nachmittag waren eine Gruppendiskussion sowie Einzelinterviews vorgesehen. Die Einzelinterviews sollten als zusätzliche „Hürde“ parallel zur Diskussion durchgeführt werden. Die Gruppendiskussion lief bereits eine Stunde, als Sabine K., eine der Teilnehmerinnen, zum Einzelinterview gebeten wurde. Nach etwa 25 Minuten kam sie wieder zurück, setzte sich, den Oberkörper nach vorne gelehnt, und verfolgte interessiert die laufende Diskussion. Bei der Nachbarin erkundigte Sie sich nach den Geschehnissen während ihrer Abwesenheit. Die Nachbarin war jedoch gerade damit beschäftigt, die Anwesenden von ihrer Sicht der Dinge zu überzeugen. Sabine setzte sich wieder, kratzte sich am Kopf, zupfte am Ohr und spielte mit den Haaren. Ein weiterer Versuch, sich auf den aktuellen Stand des Geschehens bringen zu lassen, scheiterte erneut. Sie begann, auf ihren Notizblock zu malen, ließ den Blick über die Plakate im Raum schweifen, rückte den Stuhl etwas vom Tisch ab und setze sich dann bequem zurück. Die Kollegen hatten sich zwischenzeitlich auf einen gemeinsamen Nenner geeinigt, sodass Sabines Nachbarin das Geschehene kurz und für alle zusammenfasste. Sabine hörte interessiert zu, zog den Stuhl wieder näher an den Tisch heran, lehnte sich nach vorne, fragte bei einigen Punkten nach und klinkte sich dann wieder aktiv in die Diskussion ein.

Unabhängig davon, ob es sinnvoll ist, Kandidaten aus einer Gruppendiskussion herauszureißen, konnte man bei Sabine anhand ihrer Körpersprache erkennen, dass sie zuerst interessiert versuchte,

Körpersprache übersetzt

sich wieder in das Gespräch einzubringen. Als ihr dies nach mehrmaligem Anlauf nicht gelang, resignierte sie (setzte sich zurück und schwieg), langweilte sich sogar ein wenig (malte, spielte mit den Haaren, ließ den Blick schweifen) und klinkte sich dann sogar aus der Diskussion aus (lehnte sich zurück). Erst als sie von der Nachbarin auf den neuesten Stand gebracht wurde, war sie wieder mitten im Geschehen (zog den Stuhl näher an den Tisch und beugte den Oberkörper vor).

Sabine hätte in den Augen strenger Beobachter spätestens zum Zeitpunkt der offensichtlichen Resignation viele Minuspunkte gesammelt. Ihre Aufgabe war es, sich über das Geschehen während Ihrer Abwesenheit zu informieren. Man hätte von ihr mehr Durchsetzungsvermögen und Selbstbewusstsein gefordert. Weniger strenge Beobachter hätten die kurze Phase der Resignation registriert, jedoch nicht so hoch bewertet, da sie wieder aktiv an der Diskussion teilnahm, nachdem Sie durch die Nachbarin auf den neusten Stand gebracht worden war. Es wäre jedoch besser gewesen, Sabine hätte aktiv nachgefragt, als sich kein Gruppenmitglied freiwillig bereit erklärte, sie über das Geschehen während ihrer Abwesenheit zu informieren. Übrigens würde den Gruppenmitgliedern dieses Verhalten ebenfalls negativ angerechnet.

Gestik, Mimik, Sprache

Die folgenden Beispiele geben Ihnen eine Vorstellung davon, wie Körpersprache von Ihrem Gegenüber interpretiert wird bzw. werden könnte.

Verlegenheit, Unruhe und Langeweile drücken Sie aus, wenn Sie

- mit den Haaren spielen
- sich die Haare ständig aus dem Gesicht streichen oder hinter das Ohr klemmen
- häufig zwinkern oder blinzeln
- die Hände ineinander verkrampfen oder ständig reiben
- mit den Fingern trommeln
- mit Stiften oder Ähnlichem spielen

- **Unsicherheit, Anspannung und Unentschlossenheit** bekunden Sie, wenn Sie
- das Kinn mit der Hand stützen
- mit den Händen durch die Haare fahren
- mit der Hand über den Mund streichen oder an den Lippen spielen
- an der Nase zupfen
- den Kopf senken oder einziehen
- den Oberkörper von Ihrem Gegenüber abwenden
- das Stuhlbein mit den Füßen umschlingen
- verkrampft die Beine zusammenpressen

Desinteresse wird aus folgenden Gesten und Haltungen interpretiert:
- den Gegenüber nicht anschauen, Blickkontakt meiden
- sich mit dem Oberkörper zurücklehnen
- sich von seinem Gegenüber abwenden
- sich anderen Dingen widmen (Notizzettel bemalen)
- mit den Fingern trommeln

Ablehnung drückt sich aus durch
- Verschränken der Arme vor der Brust
- weites Vorstrecken der Arme bei der Begrüßung

Nichts antrainieren

Wenn Sie grundsätzlich unsicher sind, wie Sie wirken, üben Sie den Ernstfall. Das heißt nicht, dass Sie sich bestimmte Gestik und Mimik antrainieren sollen. Das wirkt maskenhaft. Führen Sie ein fiktives Vorstellungsgespräch mit einem Freund. Beobachten Sie sich dabei. Oft hilft es aber auch schon, sich immer wieder folgende Fragen ins Gedächtnis zu rufen:
- Habe ich eine positive Gesamtausstrahlung (Lächeln auf den Lippen, aufrechte Körperhaltung)?
- Trete ich sicher auf?
- Halte ich Blickkontakt mit dem Interviewer?
- Passen Mimik und Gestik zu meinen Aussagen?
- Signalisiere ich durch mein Verhalten Interesse an der Position?

AUF EINEN BLICK

Was Sie niemals tun sollten:

im Stehen

- die Schultern hängen lassen
- die Arme hinter dem Rücken verschränken
- die Arme vor dem Bauch falten oder vor der Brust verschränken
- die Hände in den Hosentaschen vergraben
- bei der Begrüßung eine Hand in der Tasche stecken lassen
- während des Redens übertrieben gestikulieren

im Sitzen

- sich in den Sitz oder den Stuhl lümmeln
- sich lässig zurücklehnen
- mit etwas spielen
- den Blick überall herumschweifen lassen
- den Kopf auf die Hände zu stützen
- (zu) breitbeinig sitzen
- an sich herumzupfen, -streichen, -kratzen

Körpersprache ist mehrdeutig

An dieser Stelle möchte ich jedoch darauf hinweisen, dass man die Körpersprache nicht überbewerten sollte. Nicht alle Bewegungen lassen sich eindeutig interpretieren. Gesten der Anspannung können positiv oder negativ „beladen" sein; Gesten der Automanipulation (Hand streicht übers Kinn, Finger berühren die Schläfe u. Ä.) können sowohl Zeichen für Nervosität als auch für konzentrierte Selbstvergewisserung sein.

Körpersprachliche Äußerungen sind sehr stark an das individuelle Temperament, die Mentalität, den Nationalcharakter u. Ä. gebunden. Die sehr unterschiedliche Deutung bestimmter Gesten und Haltungen, ja ein zum Teil ganz verschiedenes Verhältnis zur Körperlichkeit überhaupt – zum Beispiel bei Begrüßungsritualen – spielt dabei eine Rolle. Auch zu der Frage, was überflüssiges Gestikulieren beim Reden sei, würden ein Sizilianer und ein Friese wahrscheinlich sehr unterschiedliche Antworten geben.

Körpersprachliche Aussagen sollten zudem immer in Verbindung mit dem gesprochenen Wort gesehen werden. Es ist auch nicht sinnvoll, Gesten zu trainieren. Einstudierte Gesten wirken künstlich und affektiert. Gefährlich wird es auch, wenn man sich ständig beobachtet und währenddessen das eigentliche Ziel aus den Augen verliert, nämlich den Interviewer und das Unternehmen.

Stolpersteine auf dem Weg zum Gespräch

Üblicherweise verläuft ein Vorstellungsgespräch reibungslos. Man bereitet das Gespräch vor, fährt zum Unternehmen, unterhält sich mit den Firmenvertretern, fährt wieder nach Hause, verfasst eventuell einen „Dankebrief" und wartet den nächsten Schritt erst einmal ab. Doch was, wenn nicht alles so reibungslos verläuft? Was tun, wenn genau an diesem wichtigen, entscheidenden Tag der Wecker versagt? Wenn Sie unerwartet im Stau stecken, sich verfahren haben, der Zug aufgrund eines Zwischenfalls nicht weiterfährt, die Fluglotsen plötzlich streiken? Wenn Sie das richtige Gebäude oder den Besucherparkplatz nicht finden? Oder wenn Sie plötzlich erkranken, der Chef Ihnen den Urlaubstag im letzten Moment streicht?

Was alles passieren kann

■ Im Grunde lassen sich alle Zwischenfälle, die Sie davon abhalten könnten, pünktlich zu einem Vorstellungsgespräch zu erscheinen, in zwei Gruppen unterteilen:

- Ereignisse, die verhindern, dass Sie pünktlich kommen können
- Ereignisse, die verhindern, dass Sie überhaupt kommen können

Wenn Sie nicht pünktlich kommen können ...

... kann das Ursachen haben, die bei Ihnen liegen bzw. die Sie beinflussen können, oder Ursachen, die Sie nicht beeinflussen können, so genannte höhere Gewalt.

Wenn Sie verschlafen, sich verfahren oder den Zug verpassen, ist das nicht schön und sollte nicht passieren – aber es passiert halt jedem einmal.

Wenn über Nacht Ihr Auto durch einen Sturm demoliert wird, sodass es nicht fahrbereit ist, oder ein Zugunglück den Zugverkehr im halben Bundesgebiet durcheinander bringt, sind das Umstände, gegen die man sich nicht so ohne weiteres wappnen kann.

WICHTIG

Sobald Sie merken, dass irgendetwas läuft (oder besser, nicht läuft), was Ihren Gesprächstermin ins Wackeln bringt, gilt die eiserne Regel: Bevor Sie etwas anderes tun, rufen Sie sofort Ihren Gesprächspartner an und informieren Sie ihn über das Missgeschick und entschuldigen Sie sich für die voraussichtliche Verspätung. Sie müssen es Ihrem Gesprächspartner überlassen, ob er Sie auch verspätet empfängt oder ob er unter diesen Umständen den Gesprächstermin absagt und – vielleicht – einen neuen mit Ihnen vereinbart.

Objektive Hinderungsgründe

Auch wenn es gegen objektive Hinderungsgründe keine hundertprozentige Sicherheit gibt, bauen Sie nach Möglichkeit immer eine doppelte Sicherung ein. Sorgen Sie dafür, dass ein Weckdienst Sie herausklingelt, falls Sie doch verschlafen. Schauen Sie rechtzeitig nach dem Auto, damit Sie auch mit dem Zug noch pünktlich kommen, falls doch mit dem Auto etwas nicht stimmt. Fahren Sie einen Zug früher, falls doch die Anschlüsse nicht klappen sollten und eine Verspätung Sie in Schwierigkeiten bringt.

UNSER TIPP Mit der Falls-doch-Methode gewinnen Sie Zeit, die Sie für sich nutzen können. Nehmen Sie einen Imbiss, besorgen Sie der Sekretärin, mit der Sie den Termin ausgehandelt haben, einen kleinen Blumenstrauß. Genießen Sie die gewonnene Zeit, um es sich gut gehen zu lassen und sich auf das Gespräch zu freuen.

Wenn Sie überhaupt nicht kommen können …

… hat Ihr Chef Sie gebeten, wegen erhöhten Arbeitsanfalls auf Ihren Urlaubstag zu verzichten, Sie sind erkrankt, Ihr Kind hat über Nacht hohes Fieber bekommen? Sagen Sie sofort den Termin ab, nennen Sie die Gründe und bitten Sie um einen neuen Termin. Man wird Ihnen eine Erkrankung nicht verübeln. Man wird es

Ihnen aber ankreiden, wenn Sie seit zwei Wochen im Krankenhaus liegen und erst am Tage des Gesprächs auf die Idee kommen, den Termin abzusagen. Dass Sie sich trotz Wechselwilligkeit für Ihr Unternehmen engagieren, wird man als positive Eigenschaft bewerten; es sei denn, Sie wissen seit zwei Wochen, dass Ihr Urlaub gestrichen ist.

Gesprächspartner immer sofort benachrichtigen

REGEL 1

Was immer geschieht, das Sie daran hindert, pünktlich oder überhaupt zu Ihrem Gesprächstermin zu erscheinen, nutzen Sie die erste sich bietende Gelegenheit, um Ihren Gesprächspartner zu informieren, sich zu entschuldigen und die Gründe darzulegen, die Sie verhindern.

REGEL 2

Kommen Sie nicht auf die Idee, erst zu dem Zeitpunkt anzurufen, da Sie eigentlich persönlich erscheinen sollten. Oder gar, dieser groben Unhöflichkeit noch eins draufzusetzen und sich überhaupt nicht zu melden, um dann vielleicht am folgenden Tag anzurufen: „Tut mir leid, dass ich gestern nicht kommen konnte, aber …"

Glücklich angekommen?

Sie haben es geschafft, das Auto ist geparkt, der Haupteingang gefunden, alle Unterlagen befinden sich in Ihrer Tasche, der letzte Blick auf Ihr Outfit – es kann losgehen. Verhalten Sie sich jetzt so, wie Sie sich sonst auch verhalten. Verstellen Sie sich nicht. Auf einige Dinge sollten Sie jedoch besonders achten:

Begrüßung: der erste Eindruck

Für die Position des Personalberaters suchten wir einen erfahrenen Berater, der problemlos Präsentationen, Schulungen und Akquisitionsgespräche übernehmen kann. Voraussetzung für die Besetzung der Position war neben der fachlichen Qualifikation entsprechendes Auftreten des Bewerbers. Freitag, 10 Uhr, sollten wir Michael W. treffen, Alter 35 und laut seinen Unterlagen seit einigen Jahren recht erfolgreich als Personalberater tätig. Als ich den Konferenzraum betrat, stand mir ein Mann gegenüber, den ich auf höchstens Anfang 20 geschätzt hätte, sein Anzug sowie die Krawatte waren für sein Alter zu konservativ und nach der Begrüßung hatte ich den Eindruck, einem altklugen Jüngling gegenüberzustehen. Denkbar schlechte Voraussetzungen für ein erfolgreiches Gespräch.

Der erste Eindruck

Kennen Sie das Gefühl? Sie werden einem fremden Menschen vorgestellt und während dieser Ihnen die Hand gibt, die ersten Worte spricht und möglicherweise lächelt, haben Sie ihn schon in eine „Schublade" einsortiert. Der erste Eindruck ist äußerst wichtig. Bei den meisten Menschen bekommt man keine zweite Chance. Innerhalb weniger Sekunden, eventuell auch Minuten, bilden wir uns von unserem Gegenüber eine Meinung. Körperhaltung, Gangart, Gesichtsausdruck, Gestik, Mimik, Manieren, Kleidung, Duft und Sprache sind entscheidend, ob wir bzw. unser Gegenüber in der Schublade „sympathisch" oder „unsympathisch" landen. Es lohnt sich daher, die größte Mühe aufzuwenden, um einen positiven Eindruck zu erwecken.

WICHTIG

Der erste Eindruck entsteht nicht erst, wenn das Vorstellungsgespräch beginnt, sondern bereits mit Absenden Ihrer Mappe, mit dem ersten Telefonat, mit Ihrer Anmeldung im Unternehmen oder mit dem Begrüßen der Sekretärin.

Begrüßung: wo und wie?

Respekt wahren

Je nach Größe des Unternehmens, müssen Sie sich beim Pförtner anmelden oder einfach nur einem Mitarbeiter Bescheid geben, dass Sie da sind. Egal, welche dieser Vorgehensweisen auf Sie zukommt, behandeln Sie Ihr Gegenüber mit dem nötigen Respekt. Ungeduld und Arroganz hätten nur zur Folge, dass Sie bei Ihrem Gesprächspartner mit entsprechend negativen Worten angekündigt werden. Die Chance, einen guten ersten Eindruck zu erwecken, dürften Sie damit schon verpasst haben, bevor Sie Ihren eigentlichen Gesprächspartner überhaupt zu Gesicht bekommen haben.

Gespräche im Büro des Interviewers

Üblicherweise werden Bewerber von einem Unternehmensvertreter abgeholt und in das Gesprächszimmer gebracht. Sollte Ihnen nur der Weg zum Büro Ihres Gesprächspartner gewiesen werden, so gehen Sie auf dem direkten Wege dahin. Ist die Tür des Zimmers bereits offen, machen Sie auf sich aufmerksam, gehen Sie hinein. Je weiter Sie in den Raum eintreten, um so mehr signalisieren Sie Sicherheit und Selbstbewusstsein. Rücken Sie Ihrem Gesprächspartner aber nicht zu nahe. Stellen Sie sich kurz vor und begrüßen Sie Ihren Gesprächspartner. Wenn Ihr Interviewer keine Anstalten macht, Ihnen die Hand geben zu wollen, sollten Sie sich nicht aufdrängen.

Sicherheit und Selbstbewusstsein signalisieren

Ist die Tür geschlossen, so klopfen Sie selbstbewusst an. Hämmern Sie nicht mit der Faust und klopfen Sie nicht so zaghaft, dass der Anwesende Sie kaum bemerkt. Warten Sie dann auf die Aufforderung zum Eintreten. Erfolgt diese nicht, so klopfen Sie erneut an. Erhalten Sie dann immer noch keine Antwort, öffnen Sie die Tür und treten Sie ein. Vielleicht hat Ihr Gesprächspartner das Klopfen nicht bemerkt, er telefoniert gerade oder ist noch im Gespräch. Möglicherweise ist er gar nicht im Raum. Prüfen Sie die Situation. Ist Ihr Gesprächspartner im Gespräch, so machen Sie mit Handzeichen kenntlich, dass sie draußen warten. Hat Ihr Gesprächspartner das Klopfen nur überhört, warten Sie auf die Aufforderung hereinzukommen. Erfolgt diese nicht, fragen Sie ihn, ob Sie draußen warten sollen. Bleiben Sie auf keinen Fall unaufgefordert im Raum. Sollte der Gesprächspartner nicht im Raum sein, gehen Sie wieder nach draußen und erkundigen Sie sich im Nachbarbüro höflich nach seinem Verbleib. Ansonsten warten Sie vor der Tür. Setzen Sie sich nicht einfach in das Büro, nicht jeder mag es, wenn Fremde bei Abwesenheit das Büro inspizieren.

Nehmen Sie erst nach einer Aufforderung durch Ihren Gesprächspartner Platz. Wenn Ihr Partner sitzt und Sie stehen lässt, fragen Sie höflich, ob Sie sich setzen dürfen. Stehen Ihnen mehrere Sitzgelegenheiten zur Verfügung, so sollten Sie diejenige wählen, die es Ihnen ermöglicht, Ihrem Gesprächspartner gegenüberzusitzen. Rücken Sie Ihm nicht „auf die Pelle", aber drücken Sie sich auch nicht in die entfernteste Ecke!

Gespräche in einem Konferenzraum

Für gewöhnlich finden Gespräch nicht im Büro des Unternehmensvertreters statt, sondern in einem Konferenzraum oder Gesprächszimmer. Werden Sie in ein leeres Zimmer geführt und darauf hingewiesen, dass der Gesprächspartner sofort nachkommen wird, nehmen Sie Platz und bereiten Sie sich auf das Gespräch vor, indem Sie Ihre Unterlagen oder Notizen auf den Tisch legen und Ihre Tasche auf den Boden neben den Stuhl stellen. Bietet man Ihnen etwas zu trinken an, können Sie dies jederzeit annehmen, alkoholfrei versteht sich. Sobald Ihr Gesprächspartner den Raum betritt, erheben Sie sich von Ihrem Platz und begrüßen ihn bzw. sie. Stellen Sie sich kurz vor und setzen Sie sich erst dann wieder, wenn man Sie dazu auffordert. Wenn Ihr Partner sich bereits gesetzt hat und Sie stehen lässt, fragen Sie höflich, ob Sie sich setzen dürfen.

PRAXISBERICHT

Ein Bewerber erzählte uns von einer Odyssee bei einem großen Automobilkonzern in Süddeutschland: „Obwohl ich 10 Minuten vor dem Termin da war, sagte man mir bei der Ankunft, ich solle in Raum 123 gehen, man erwarte mich bereits. Mit der Wegbeschreibung sollte es eigentlich keine Problem sein, diesen Raum zu finden. Als ich ankam, war besagter Raum jedoch leer. Irritiert prüfte ich nochmals die Raumnummer und erkundigte mich dann im Nebenbüro, ob ich denn grundsätzlich richtig sei. Die Dame zuckte mit den Achseln und verwies mich an Frau M. in Raum 180. Frau M. sagte mir dann, dass das Gespräch in Raum 150 verlegt wurde. Leider habe man vergessen, am Empfang Bescheid zu geben. Ich machte mich auf die Suche nach Raum 150. Laut Frau M. sollte es durch Raum 145, einen Gang entlang … wie dem auch sei. Nach einer recht ungewöhnlichen Suche fand ich dann Raum 150. Ich klopfte an, wartete auf die Aufforderung einzutreten, trat ein und stellte mich kurz

PRAXISBERICHT

vor. Fünf Personen waren bereits anwesend. Man forderte mich auf, mich zu setzen. Leichter gesagt als getan. Um den Tisch standen genau fünf Stühle, der sechste Stuhl befand sich in der am weitesten entfernten Ecke unter einer riesigen Zimmerpflanze. Ich ging darauf zu, um festzustellen, dass er an die Pflanze angekettet war und zwar so, dass ich mit dem Rücken zu den Anwesenden gesessen hätte. Ich lachte kurz auf und schlug zwei mögliche Vorgehensweisen vor. Entweder ich setze mich und die Anwesenden interviewen meinen Rücken oder ich bekomme einen Tipp, wie ich einen weiteren Stuhl auftreiben könnte. Immer noch grinsend wartete ich auf eine Antwort. Das Eis war gebrochen, aber ich muss sagen, ich hatte ganz schön Herzklopfen."

UNSER TIPP Bleiben Sie ruhig und gelassen. Unternehmensvertreter lassen sich manchmal allerhand einfallen, um die Bewerber aus der Reserve zu locken. Werden Sie von mehreren Unternehmensvertretern erwartet, präsentieren Sie sich souverän und selbstbewusst. Stellen Sie sich vor. Sprechen Sie laut und deutlich, sodass man Sie gut verstehen kann. Begrüßen Sie jeden einzelnen Gesprächspartner. Lassen Sie sich den Namen nennen und wenn möglich die Funktion im Unternehmen. Setzen Sie sich nach Aufforderung so, dass Sie zu allen Gesprächspartnern gut Blickkontakt halten können.

Grundsätzlich sollten Sie auf Folgendes achten:

- Kommen Sie pünktlich (nicht vor und nicht nach der Zeit)!
- Bereiten Sie sich innerlich darauf vor, dass Sie nicht nur von einer Person, sondern auch von zwei bis drei Gesprächspartnern erwartet und gefragt werden können.
- Lächeln Sie beim Eintreten.
- Begrüßen Sie Ihre Gesprächspartner. Macht Ihr Gesprächspartner keine Anstalten, Ihnen die Hand zu geben, drängen Sie sich nicht auf. Streckt er Ihnen jedoch die Hand entgegen, sollten Sie ihm oder ihr mit leichtem Druck die Hand geben. Quetschen Sie nicht die Hand Ihres Gegenübers.
- Setzen Sie sich hin, nachdem Sie dazu aufgefordert wurden.

- Nehmen Sie Ihre Notizen und Unterlagen aus der Tasche und stellen Sie diese neben sich auf den Boden.
- Befindet sich der Stuhl in einer für Sie unbequemen Position, stehen Sie auf, rücken Sie ihn zurecht, und erklären Sie, warum Sie das tun. Sie demonstrieren dadurch, Souveränität und Unbefangenheit.
- Wichtig: Halten Sie Blickkontakt mit Ihren Gesprächspartnern. Sehen Sie Ihnen in die Augen oder auf die Nasenwurzel, falls Sie nervös sind. Aber: nicht starren.
- Geben Sie sich natürlich und selbstsicher. Wie? Indem Sie sich entsprechend gut vorbereiten!

Wartezeit

Es kann immer wieder vorkommen, dass Ihr Gesprächspartner sich verspätet. Gute Planung und der grundsätzliche Wille zur Pünktlichkeit, bewahren eben nicht immer vor unvorhergesehenen Ereignissen. Gewähren Sie Ihrem Gesprächspartner die akademische Viertelstunde. Sollte sich die Verspätung allerdings weiter ausdehnen, können Sie sich bei der Sekretärin oder dem Mitarbeiter, der Sie in den Raum geführt hat, höflich erkundigen, wo ihr Gesprächspartner bleibt. Lässt man Sie allzu deutlich links liegen, so zeugt das nicht gerade von großem Interesse an Ihrer Person.

Wartezeit nutzen

Leider gibt es keine pauschale Empfehlung, wie Sie mit Wartezeiten umgehen können. Ist der Gesprächspartner unvorhergesehen verhindert und ist das Ende dieser Verhinderung abzusehen, so könnten Sie um Lesestoff bitten. Imagebroschüren, Produktkataloge oder Ähnliches stehen sicherlich immer zur Verfügung. Ist das Ende der Verhinderung nicht absehbar, stellen Sie höflich – auch wenn Sie innerlich „kochen" – die Frage, ob es dem Gesprächspartner vielleicht angenehmer sei, den Termin zu verschieben.

Lässt man Sie offensichtlich schmoren, so sollten Sie ernsthaft in Erwägung ziehen zu gehen. Führungskräfte, die sich schon zu Beginn so wenig um Ihre Mitarbeiter bzw. potenziellen Mitarbeiter kümmern, werden es im Alltag noch weniger tun. Möchten Sie wirklich mit solchen Kollegen zusammenarbeiten?

Ihr Gesprächspartner – was für ein Mensch ist er?

„Als ‚Indianer' muss man die Sprache seines ‚Häuptlings' sprechen. Denn jeder Häuptling hört am Liebsten einen ganz bestimmten ‚Dialekt'", empfahl eine große deutsche Frauenzeitschrift. Ganz so sollte es beim Vorstellungsgespräch natürlich nicht laufen. Aber ein Fünkchen Wahrheit ist doch daran. Ein Vorstellungsgespräch dient schließlich nicht in erster Linie dazu, Ihr fachliches Wissen zu prüfen. Primäres Ziel ist es, Sie kennen zu lernen, herauszufinden, ob Sie ins Unternehmen passen. Die Wellenlänge muss stimmen.

Einstellen auf den Gesprächspartner

Zur Illustration sei eine beliebige Gesprächssituation geschildert, die keinem Bewerbungsgespräch entnommen wurde.

BEISPIEL

Statusmeeting, Montagmorgen 09:00 Uhr. Der Chef stellte einem Teammitglied die Frage, ob die Unterlagen für Teilprojekt XY wie besprochen bis Mittwoch 12 Uhr fertig sein werden. Das Teammitglied begann, den Stand der Dinge zu erläutern, wurde aber nach einer halben Minute durch den Chef unterbrochen, der die eben gestellte Frage wiederholte. Etwas erstaunt begann das Teammitglied erneut, den aktuellen Stand und das weitere Vorgehen zusammenzufassen, als der Chef abermals unterbrach. Wieder stellte er die gleiche Frage, ob die Unterlagen bis Mittwoch 12 Uhr fertig sein werden. Das Teammitglied war nun entsprechend verwirrt, wusste auch nicht so recht, was jetzt von ihm verlangt wurde und versuchte, sich zu fangen. „Ja" oder „Nein", wollte der Chef wissen. „Nein", meinte das Teammitglied. „Warum?", fragte der Chef. „Und wie viel Zeit wirst du noch benötigen?"

Eine einfache Frage erfordert manchmal eine einfache Antwort. Beobachten Sie immer Ihren Gesprächspartner, während Sie antworten. Wie reagiert er/sie auf Ihre Antwort? Wie auf Fragen? Hört er/sie zu? Wirkt er/sie unruhig? Geht er/sie auf das Gesagte ein? Erhalten Sie Zustimmung?

Typologie der Personalexperten

Mit welchen „Typen" von Personalexperten kann man als Bewerber rechnen und wie erkennt man sie? Die häufigsten Typen möchte ich Ihnen hier vorstellen. Dies kann jedoch verständlicherweise nur ein Auszug der verschiedenen Persönlichkeitstypen sein, die zudem selten in „Reinstform“ vorkommen.

Minimalisten kommen schnell auf den Punkt

Minimalisten sind die „hemdsärmligen“ bodenständigen Macher-Typen. Sie entscheiden schnell, arbeiten sehr effektiv und beschäftigen sich mit dem Hier und Heute, weniger mit langfristigen Strategien und Visionen. „Was habe ich davon?“, lautet die zentrale Frage, die diese Menschen beschäftigt.

Wer mit Minimalisten auf einer Wellenlänge „funken“ will, sollte sich kurz fassen. Langes Herumgerede macht sie nervös und ungeduldig. Erläutern Sie Ihren Werdegang in kurzen Stichworten. Kommen Sie schnell auf den Punkt. Beantworten Sie Fragen mit praxisnahen Beispielen. Ersparen Sie ihm/ihr minutenlanges Philosophieren und Theoretisieren.

Karrieristen schauen aufs große Ganze

Karrieristen sind meist echte Kopfmenschen, die selten aus dem Bauch heraus entscheiden. Ein Karrierist sieht sich als Stratege und (Vor-)Denker. Konzeptionelles Arbeiten, Visionen, Strategien – das sind die Aufgaben, mit denen sich dieser Typ Mensch vorwiegend beschäftigt. Der Sinn für Details fehlt ihm ebenso wie das Gespür für Menschen. Emotionen und Empfindungen sind demnach in Gesprächen eher fehl am Platz.

Für den Bewerber heißt das: Seine Argumente sollten Hand und Fuß haben, die Antworten durchdacht und nachvollziehbar sein. Fragen nach bestimmten Problemlösungen erfordern meist keine eindeutige und detaillierte Antwort, sondern einen Lösungsweg. Karrieristen findet man meist in Unternehmensberatungen.

Bürokraten sind ins Detail verliebt

Bürokraten sind im Gegensatz zu Minimalisten und Karrieristen extrem versessen auf Details. Je mehr sie über eine Sache wissen, desto sicherer fühlen sie sich. Problematisch hierbei ist, dass sie sich in Einzelheiten verbeißen und den Blick für das Ganze verlieren. Für den Bürokraten ist es wichtig, nach bestimmten Normen und Regeln zu „funktionieren“.

Trifft ein Bewerber auf einen Bürokraten, so kann er hier beweisen, dass er optimal vorbereitet ist. Präzise Antworten auf Fragen, gespickt mit etwas Kreativität – und Sie haben gewonnen. Überfordern Sie diesen Typ Mensch jedoch nicht mit verrückten Ideen. Bürokraten sind bodenständig und vertragen innovative Ideen nur peu à peu.

Kumpel sind schnell zu begeistern

Kumpel sehen sich, wie der Name schon sagt, weniger als Boss, sondern eher als Kollege. Sie haben für alles ein Ohr und sind für viele Ideen zu begeistern. Was davon jedoch in die Tat umgesetzt wird, steht in den Sternen.

Auch Kumpel-Typen interessieren sich nicht für Details. Als Bewerber sollten Sie diesem Typ Mensch daher das Gefühl geben, am selben Strang zu ziehen. Begeistern Sie ihn von Ihren Ideen, überzeugen Sie ihn von Ihrer Kompetenz und Ihrer Persönlichkeit. Geben Sie ihm das Gefühl, dass Sie der Richtige sind, seine Ideen umzusetzen.

Diese vier Typen von Gesprächspartnern geben Ihnen wahrscheinlich jetzt einen Eindruck davon, was auf Sie zukommen könnte. Aber innerhalb von Sekunden einen Menschen einem bestimmten Typus zuzuordnen, ist zum einen gar nicht so einfach und zum anderen auch nicht unbedingt sinnvoll. Stellen Sie sich während des Gesprächs immer wieder die Frage, ob Sie mit diesem Mensch tatsächlich acht Stunden zusammenarbeiten können.

Doch nicht nur der Typ Mensch ist ausschlaggebend. Auch die Kompetenz des Interviewers entscheidet, wie das Gespräch verläuft.

Der professionelle Interviewer ist sehr gut vorbereitet und führt ein strukturiertes Bewerbungsgespräch. Er wird mit seinen Fragen nicht nur Ihre fachliche Qualifikation prüfen, sondern ebenso Ihre soziale Kompetenz und Ihre Persönlichkeit kennen lernen wollen. Gerne führt er Bewerber mit entsprechenden Fangfragen aufs Glatteis. Meist sind diese Fragen zwei- oder gar dreiteilig.

BEISPIEL

„Mit welcher Arbeitsmethode arbeiten Sie? Wie wenden Sie sie an? Wie sind Sie damit zufrieden?"
oder

„Als Sie in Ihrer letzten Firma neu angefangen haben und Ihren Arbeitskollegen vorgestellt wurden, wie haben Sie sich da gefühlt? Wie sind Sie mit dieser Situation zurechtgekommen?"

Lassen Sie sich Zeit zum Überlegen. Wählen Sie positive Beispiele aus Ihrem Erfahrungsschatz, um Ihre Antwort zu untermauern.

Der unerfahrene oder schlechte Interviewer ist oft jemand, der gar nicht darin ausgebildet ist, Einstellungsgespräche zu führen. Er oder sie wird dazu „verdonnert", weil sich gerade kein anderer findet oder weil die Funktion als Vorgesetzter es verlangt. Auch in kleinen oder neu gegründeten Unternehmen kann es vorkommen, dass der Bewerber mehr Erfahrungen mit Einstellungsgesprächen hat als der Unternehmensvertreter.

Woran erkennen Sie einen schlechten Interviewer? Hauptsächlich daran, wie gut (oder wie schlecht) vorbereitet er wirkt. Wie weitschweifig er das Gespräch einleitet, bevor er zur Sache kommt. In jedem Fall wird es ein recht unstrukturiertes Gespräch werden, schlimmstenfalls nicht mehr als ein Smalltalk. Sie haben das Gefühl, Ihr Gegenüber weiß rein gar nichts über Sie und stellt auch nicht die Fragen, die nötig wären, um Abhilfe zu schaffen.

UNSER TIPP Nehmen Sie das Ruder in die Hand. Geben Sie ihm unaufgefordert Auskunft über Ihren Lebenslauf, Werdegang und ihre beruflichen Erfahrungen. Stellen Sie Fragen zur Position und zum Unternehmen. Bohren Sie nach. Sollte es Ihr zukünftiger Vorgesetzter sein, sollten Sie sich jedoch ernsthaft überlegen, ob Sie sich vorstellen könnten, mit ihm zu arbeiten.

Mehrere Gesprächspartner aus dem Unternehmen

Wer spricht mit Ihnen?

Ein Vorstellungsgespräch muss nicht immer mit nur einem Gesprächspartner stattfinden. Gelegentlich treten Ihnen auch einmal mehrere Unternehmensvertreter gegenüber. Achten Sie in solchen Gesprächen darauf, dass Ihnen die Gesprächspartner mit Namen und Zuständigkeiten vorgestellt werden. Es ist ein Unterschied, ob Sie zwei Vertretern aus dem Bereich Personal gegenübersitzen oder nur einem Vertreter der Personalabteilung und Ihrem zukünftigen Vorgesetzen aus dem Fachbereich. Sind Vertreter aus dem Fachbereich anwesend, müssen Sie mit Fachfragen rechnen. Richten Sie während des Gesprächs Ihre Antworten an alle Gesprächspartner, auch dann wenn nur einer der Anwesenden maßgeblich das Interview führt. Lassen Sie sich nicht dazu verführen, das Gespräch mit dem Interviewer alleine zu führen. Gerade dann, wenn „gefachsimpelt" wird, tendieren Bewerber dazu, sich dem vermeintlich kompetenteren Gesprächspartner zuzuwenden. Spätestens im Feedback-Gespräch wird der ruhigere Interviewer Kritik an Ihrem Verhalten äußern.

UNSER TIPP Nehmen an einer Gesprächsrunde mehrere Unternehmensvertreter teil, achten Sie immer darauf, diese unabhängig von Position, Alter und Geschlecht, gleichrangig zu behandeln. Nur weil ein Gesprächspartner älter oder männlich ist, heißt das nicht, dass er der Entscheider ist. Vorsicht also, bei vorschneller Abwägung von Kompetenzen. Es bewahrt Sie vor unangenehmen Überraschungen.

Ein Gespräch mit mehreren Bewerbern

Ein Sonderfall des Gesprächs mit mehreren Gesprächspartner ist, wenn Sie mit mehreren Bewerbern einem (oder mehreren) Unternehmensvertretern gegenübersitzen. In diesem Fall ist das Unternehmen an Ihrer sozialen Interaktion interessiert. Es werden Rückschlüsse auf Ihre Teamfähigkeit, Ihre Kommunikationsfähigkeit, Ihre Anpassungsfähigkeit und Ihr Durchsetzungsvermögen gezogen.

Soziale Interaktion von Interesse

WICHTIG

Achten Sie bei Gruppengesprächen darauf, dass Sie

- sich nicht in den Vordergrund drängeln
- zu selbstsicher Ihre Meinung vertreten. Seien Sie dabei nicht eigensinnig im Vertreten Ihrer Meinung. Lassen Sie sich überzeugen, wenn Sie sehen, dass Sie falsch liegen.
- Ihren Mitbewerbern aufmerksam zuhören. Greifen Sie deren Punkte auf und bauen Sie sie in eine übergreifende Lösung ein.
- Ihre Beiträge kurz und sachlich formulieren. Vermeiden Sie Monologe.

Die klassische Form, in der sich mehrere Bewerber, den Unternehmensvertretern präsentieren, ist das so genannte Assessment-

Assessment-Center

Center. Erkundigen Sie sich vorab, ob ein Einzel- oder Gruppengespräch auf Sie zukommt, sodass Sie sich entsprechend vorbereiten können. Erfolgstipps und Übungen zu diesem Thema finden Sie in „Assessment-Center" von Holger Beitz und Andrea Loch, aus dem FALKEN Verlag.

Probleme während des Gesprächs

Egal welcher Gesprächspartner Ihnen gegenübersitzt. Pauschale Ratschläge für Verhaltensweisen kann es nicht geben, da zum einen jeder Bewerber aus einem anderen Beweggrund heraus eine Stelle sucht, zum anderen Gespräche von Menschen geführt werden, die subjektiv sind, die emotional reagieren, eben einfach menschlich sind.

Bei den folgenden Beispielen habe ich eine von vielen Lösungen zu einer erlebten Situation aufgezeigt. Wie Sie sich in so einer oder ähnlichen Situation entscheiden werden, hängt alleine von Ihnen ab. Wichtig ist nur, dass Sie sich selbst gegenüber ehrlich sind. Es geht um Ihre Zukunft, nicht um den Kauf eines Pullovers, den man bei Nichtgefallen umtauscht oder im Schrank hängen lässt.

Die Wellenlänge stimmt nicht Versetzen Sie sich in folgende Situation. Sie sind zum Gespräch mit dem Personalleiter, Herrn Meyer, bei Ihrem Traumunternehmen eingeladen. Sie haben sich sehr gut vorbereitet und darüber hinaus sogar Erkundigungen über Herrn Meyer eingeholt. Sie können sich in etwa vorstellen, was auf Sie zukommt. Als Sie dann zum vereinbarten Termin eintreffen, erfahren Sie, dass Herr Meyer kurzfristig geschäftlich verreisen musste und Frau Schmidt, seine Assistentin das Gespräch übernimmt. Sie haben sich auf einen grau melierten Endvierziger im üblichen Business-Dress eingestellt und es empfängt Sie eine smarte Frau Anfang Dreißig. Eigentlich kein Problem. Nach wenigen Minuten stellen Sie jedoch fest, dass das Gesprächsklima zunehmend frostiger wird. Sie können sich nicht so schnell umstellen, wie Sie es gerne hätten. Sie geraten immer mehr aus dem Tritt.

Wenn das Klima nicht stimmt

Die Unternehmen versuchen in der Regel, Ihre Gesprächstermine einzuhalten. Trotzdem kann es hin und wieder vorkommen, dass Sie mit ganz anderen Menschen sprechen, als man Ihnen angekündigt hat. Bereiten Sie sich entsprechend vor. Es steht Ihnen frei, Ihren Gesprächspartner abscheulich zu finden und von Herzen zu hassen. Aber erst, wenn Sie wieder zu Hause sind! Solange Sie Ihrem Gesprächspartner gegenübersitzen, sollten Sie professionell und vorurteilsfrei reagieren.

Dass die Wellenlängen übereinstimmen, lässt sich nicht erzwingen. Vielleicht stellen Sie in diesem Gespräch fest, dass der Job zwar ein Traum wäre, die Kollegen aber eher einem Albtraum.

Ihr Interviewer schweigt Sie an Sie haben auf eine Frage geantwortet und es kommt keine Reaktion. Zählen Sie innerlich die Sekunden und warten Sie, wie lange Ihr Gesprächspartner das Schweigen aushält. Irgendwann muss er ja wieder „aufwachen". Bevor es jedoch peinlich wird, nehmen Sie das Ruder selbst in die Hand. Präsentieren Sie sich. Stellen Sie Fragen, locken Sie Ihren Gesprächspartner aus der Reserve.

Gesprächsführung übernehmen

UNSER TIPP Achten Sie darauf, offene Fragen zu stellen z. B. „Wie ...", „Wann ...", „Welche ..." also solche Fragen, auf die ein – ohnehin schon wortkarger – Gesprächspartner nicht einfach mit Ja oder Nein antworten kann.

Ihr Gesprächspartner weiß gar nicht so recht ... Leonardo C. interessierte sich für die Position des Projektleiters bei einem kleinen Softwareunternehmen in Norddeutschland, einem Klienten von uns. Seine Qualifikation stimmte nahezu in allen Punkten mit dem Anforderungsprofil überein.

Interviewer ist schlecht vorbereitet

Leider war Leonardos Zusammenfassung des Gesprächs weniger erfreulich. Die Interviewer waren unvorbereitet, unprofessionell und man hatte den Eindruck, sie wüssten gar nicht so recht, wie die Position des Projektleiters aussehen soll. Auch wie es zukünftig weitergeht, war ihnen offensichtlich nicht klar. Kein Wunder, dass sich Leonardo schließlich gegen einen Wechsel entschieden hat.

Ihr Gesprächspartner ist bemüht und eifrig, hat aber offensichtlich keine Ahnung, wie man ein Einstellungsgespräch führt? Denken Sie bei Ihrer Vorbereitung auf das Gespräch daran, dass Sie möglicherweise keinem Profi gegenübersitzen werden.

UNSER TIPP Stellen Sie präzise und detaillierte Fragen zur ausgeschriebenen Position. Bohren Sie nach. Machen Sie selbst unaufgefordert die notwendigen Angaben zu Person, Werdegang und Berufserfahrung. In solchen Situationen sind Sie gefordert, das Gespräch zu führen.

Ihr Gesprächspartner kommt in Fahrt Martina F. bewarb sich bei ihrem Traumunternehmen für die Position des Personalbetreuers. Das Vorstellungsgespräch begann mit der Frage nach ihren Erfahrungen und wichtigen Stationen im Leben. Es war eine lockere Gesprächsatmosphäre, sodass Martina, um nicht in einen Monolog zu verfallen, ihr Gegenüber fragte, wie er denn in den Bereich Personalentwicklung gekommen wäre. Mit der Antwort, die Martina bekam, hatte sie sicherlich nicht gerechnet. Ihr Gesprächspartner kam in Fahrt. Er präsentierte ihr seinen kompletten Werdegang. Irritiert fragte sie sich mehrfach, wer denn nun der Bewerber und wer der Interviewer sei.

Interviewer kommt ins schwärmen

Martina wartete bis der Gesprächspartner seinen Monolog beendet hatte, was ihr sicherlich Pluspunkte einbrachte. Leider ist das nicht immer möglich. Findet das Gespräch unter Zeitdruck statt, weil Ihr Gesprächspartner beispielsweise anschließend einen Termin hat, so sollten Sie höflich, aber bestimmt solch einen Monolog unterbrechen, sei es durch Zwischenfragen, wie „Sie haben eben xy erwähnt. Ist dies für die Position auch eine Voraussetzung?" Denken Sie daran, die vereinbarte Interviewzeit ist für Sie reserviert. Sorgen Sie dafür, dass sie auch effektiv genutzt wird.

Zur falschen Zeit am falschen Ort Diese Situation habe ich selbst erlebt: Ich bewarb mich bei einem großen Medienverlag für die Position des Inhouse-Consultant. Das Aufgabengebiet umfasste das Begleiten interner Restrukturierungsmaßnahmen, Mitarbeiterbetreuung und -entwicklung sowie Training. Das Gespräch verlief klassisch. Ich wurde nach meinen Qualifikationen und Erfahrungen sowie meinen Vorstellungen bezüglich der Position gefragt. Nun war mein Gesprächspartner an der Reihe, die Aufgabe näher zu erläutern. Ein Monolog begann. Er redete sich förmlich heiß, erzählte von Softwareimplementierung und Schulung, Betreuung der Programmierer. Während ich seinen Ausführungen lauschte, hatte ich immer mehr das Gefühl, zur falschen Zeit am falschen Platz zu sein. Ich zog die Anzeige aus meiner Tasche, las sie nochmals unauffällig durch, räusperte mich kurz, unterbrach ihn und erkundigte mich, ob wir über die gleiche Anzeige sprechen. Irritiert hielt er inne. Ich hatte zwar die von ihm geforderte Qualifikation, aber mein erklärtes Ziel war es, nie wieder selbst Hand an Software zu legen. Sollte dies jedoch erforderlich sein, wäre ich an der Position nicht interessiert, wir könnten damit das Gespräch beenden.

Grundsätzliches Missverständnis

Vielleicht können Sie sich vorstellen, wie enttäuscht ich war, als mir mein Gesprächspartner meine zukünftigen Aufgaben erläuterte und wie schwer mir die Entscheidung fiel, gleich abzusagen. Schließlich war ich auf der Suche nach einer neuen Tätigkeit. In diesem Fall war mir aber klar, dass ich trotz Traumunternehmen mit meiner neuen Aufgabe nicht glücklich werden würde. So ehrlich sollte man sich selbst gegenüber sein.

Stressinterview

Eine Sonderform des Interviews mit mehreren Gesprächspartnern ist das Stressinterview. Als Stressinterview bezeichnet man Vorstellungsgespräche, in denen Bewerber mit persönlichen oder auch beleidigenden Fragen, Wertungen oder Kommentaren konfrontiert werden. Das Unternehmen will herausfinden, ob die Bewerber bestimmten Anforderungen gewachsen sind. Die Bewerber werden dabei unter psychischen Druck gesetzt, um aus ihnen die „Wahrheit" besser herausholen zu können. Unternehmen wollen damit den Nerv der Bewerber treffen und verhindern, dass diese sich ausschließlich von der „Schokoladenseite" zeigen können.

PRAXISBERICHT

> Martina F. stellte sich nach dem Studium bei einem renommierten Beratungsunternehmen vor. Sie fasste für uns Ihre „Erlebnisse" zusammen: „Das erste Gespräch fand in der Lobby eines großen Hotels in Stuttgart statt, also nicht im Unternehmen. Im Großen und Ganzen entsprach es einem klassischen Vorstellungsgespräch. Herr S., ein Partner des Unternehmens, interessierte sich für meinen Werdegang und mein Interesse an der

PRAXISBERICHT

Beratung. Es war ein sehr angenehmes Gespräch und verlief sehr erfolgreich. Mein Gesprächspartner, Herr S., signalisierte mir, dass ich zur zweiten Runde in den kommenden Wochen im Unternehmen eingeladen werden würde. Zwei Wochen später fand das zweite Gespräch statt. Ich wurde in einen riesigen Konferenzraum geführt und wartete erst einmal vergeblich. Es verstrichen 15 Minuten, nichts passierte. Zwischenzeitlich erkundigte ich mich bei der Sekretärin nach dem Stand der Dinge. Diese entschuldigte sich und vertröstete weiterhin. Nach 25 Minuten ging die Tür endlich auf, vier Herren in Grau betraten den Raum. Es folgte eine kurze Begrüßung. Herr S., mein Gesprächspartner des ersten Gesprächs, fasste nochmals kurz zusammen und plötzlich befand ich mich in einem Feuerwerk von Fragen wieder. Ohne Punkt und Komma prasselten die Fragen auf mich ein. Ich hatte kaum Zeit zum Überlegen und noch weniger Zeit zum Antworten. Manchmal wurde ich während der Antwort unterbrochen und mit einer neuen Frage konfrontiert. Die Rollen waren offensichtlich gut verteilt, denn eine Ruhepause gab es nur dann, wenn sich Herr S. ins Gespräch einschaltete. Ich wurde zunehmend unsicherer und frustrierter. Gegen Ende des Gesprächs fragte ich mich, wozu das Ganze wohl gut sei und wofür ich den weiten Weg gemacht habe, denn eines war klar: Niemals würde ich mit diesen Menschen in einem Unternehmen arbeiten wollen."

Unerlaubte Fragen

Rollenverteilung im Stressinterview

Manche Interviewer neigen dazu, auch Fragen und Vermutungen auf sexuellem Gebiet, Anmerkungen zu Äußerlichkeiten, der Herkunft oder Ähnlichem zu formulieren. Sie ignorieren dabei die Tatsache, dass Sie damit in den Bereich der „unerlaubten" Fragen vordringen (siehe Seite 117). Im Gegensatz zu „normalen" Interviews finden Stressinterviews häufig mit zwei oder mehr Unternehmensvertretern statt. Hohe Sprechgeschwindigkeit, inhaltlich variierende Themen und unstrukturiertes Fragen sind keine Seltenheit. In manchen Stressinterviews haben die einzelnen Gesprächspartner „Rollen", sodass Sie beispielsweise von zweien gepiesackt werden, während der Dritte die Rolle des „Good Guy" spielt, der die Wogen wieder glätten soll.

„Ihr Auftreten kommt bei unseren Kunden nicht an.“
„Wie wollen Sie, als deutlich introvertierte Person, erfolgreich Telefonakquise betreiben?“
„Als Mitarbeiter eines ehemals staatlichen Unternehmens wissen Sie doch gar nicht was Dienstleistung am Kunden ist.“
„Wir haben von Ihrem früheren Arbeitgeber erfahren, dass Sie ...“
„Sie haben Ihre Ausbildung bei einer kleinen Filiale gemacht. Woher wollen Sie wissen, wie ...“

BEISPIELE

Beleidigungen

Behauptungen

Wie Sie sich in Stressinterviews verhalten können

Leider gibt es – wie für den Ablauf eines „normalen“ Gesprächs – auch hier kein Patentrezept. Je nachdem, wer Ihnen gegenübersitzt, welche Fragen gestellt werden, wie sehr diese Fragen unter die Gürtellinie gehen und wie „unwohl“ Sie sich fühlen, gibt es verschiedene Möglichkeiten zu reagieren.

Souverän und selbstsicher Sie bleiben während des Interviews souverän und selbstsicher und sind sich klar darüber, dass das alles nur ein Spiel ist. Wer es schafft, den Erwartungen seiner Gesprächspartner zu entsprechen, hat „gewonnen“. Problematisch ist nur abzuwägen, wie die Erwartungen definiert sind und ob die Gesprächspartner sich einig sind. Sie können aber auch Ihr Gegenüber mit den eigenen Waffen schlagen, indem Sie mit einer Gegenfrage reagieren: „Bei Ihrer Art, Interviews zu führen, dürften Sie Schwierigkeiten haben, geeignete Kandidaten für Ihr Unternehmen zu gewinnen.“ Oder eine Spur schärfer: „Bitte wiederholen Sie Ihre letzte Frage noch einmal grammatikalisch korrekt!“ Freilich reizen Sie damit Ihr Blatt sehr weit aus.

Weit ausgereizt

WICHTIG

Oft hilft nur: Augen zu und durch! Wenn Sie sich für eine bestimmte Vorgehensweise entschieden haben, bleiben Sie dabei und hoffen Sie das Beste.

Das Gespräch als Thema des Gesprächs

Die „Metaebene" Die Metaebene macht die Art des Gesprächs selbst zum Gespräch. Sie stellen beispielsweise die Frage: „Ich frage mich, inwieweit diese Art Fragen in Zusammenhang mit den Anforderungen an die Position stehen?" Problematisch an dieser Variante, das Stressinterview zu entschärfen, ist allerdings, dass man diese Art der Kommunikation perfekt beherrschen muss. Es hat keinen Sinn, Fragen dieser Art auswendig zu lernen. Man muss sie ad hoc parat haben.

Wenn Sie auf der Metaebene diskutieren, verwenden Sie Ich-Aussagen über Ihre Befindlichkeit und Äußerungen wie:

„Ich finde, Ihr Verhalten mir gegenüber ist …"

„Das können Sie gar nicht beurteilen/verstehen … „

„Sie als Mann/als Frau/als … können gar nicht … „

„Warum sind Sie so aggressiv/ablehnend/negativ … „

„Ich fühle mich jetzt …"

„Von Ihrer Frage fühle ich mich jetzt …"

Normalerweise sollten Sie diese Art Aussagen in Vorstellungsgesprächen vermeiden, da Sie in der Regel auf geübte Gesprächsführer und ausgebildete Kommunikatoren treffen. Sie brauchen nicht zu beweisen, wie toll Sie selbst Gespräche steuern und dominieren können.

Sie ziehen sich innerlich zurück Wie für Martina F. verliert der Job für Sie an Attraktivität. Sie sind sich bewusst, dass Sie unter keinen Umständen ein Angebot, mag es noch so gut sein, annehmen werden. Sie trauen sich aber nicht, aufzustehen und zu gehen. Sie ziehen sich jedoch innerlich zurück und lassen es über sich ergehen.

Sie stehen auf und gehen Aufstehen und gehen ist mit Sicherheit dann eine Lösung, wenn Sie, wie Martina F., während des (Stress-)Interviews feststellen, dass Sie niemals mit diesen Menschen oder in diesem Unternehmen arbeiten möchten. Hierzu gehört jedoch eine große Portion Mut und Selbstvertrauen. Aber schließlich haben Sie nichts mehr zu verlieren: „In einem Unternehmen, dass sich in Spielchen gefällt wie dem eben erlebten, möchte ich nicht meine Lebenszeit vertrödeln."

Wie sind Stressinterviews zu bewerten?

Stressinterviews sind umstritten

Stressinterviews sind relativ selten anzutreffen. Inwieweit sie die Persönlichkeit des Bewerbers zutage bringen, ist fraglich. Mit Sicherheit wird man Ihre Schlagfertigkeit oder Ihre Frustrationsgrenze kennen lernen. In der Regel kann lediglich ein Verhalten „gemessen" werden, das nur wenig mit zukünftigen Aufgaben zu tun hat.

UNSER TIPP Sollten Sie tatsächlich mit einem solchen Auswahlverfahren konfrontiert werden, verbuchen Sie es unter „wichtige Erfahrungen". Lassen Sie auf jeden Fall dieses Gespräch Revue passieren. Überlegen Sie sich, wo Sie gut reagiert haben und wo Sie hätten anders oder besser reagieren sollen. Die Erfahrungen und die Ergebnisse helfen Ihnen zumindest für das nächste Stressinterview.

Fragen über Fragen

„Als ob es um Leben oder Tod ginge, so sehen viele Bewerber das Vorstellungsgespräch. Sie haben vermutlich Recht. Mit dem Interviewer als Richter und Geschworenem geht es zumindest um Ihren Lebensunterhalt." So definiert es Martin John Yate in seinem Buch „Das erfolgreiche Bewerbungsgespräch".

Während eines Vorstellungsgespräches werden Dutzende von Fragen gestellt. Der Interviewer will nicht nur ein Bild von Ihrer Qualifikation gewinnen. Ihre Antworten sollen ihm vor allem einen Eindruck vermitteln, ob Sie ins Unternehmen passen, inwieweit Sie die Position optimal ausfüllen können und wie hoch der Preis ist, Sie einzustellen. Auf viele Fragen kann man sich bereits vor dem Interview intensiv vorbereiten, andere Fragen wiederum sind so unternehmens- oder interviewerspezifisch, dass man spontan und flexibel reagieren muss. Im Anschluss möchte ich Ihnen Beispiele für gängige Fragen und mögliche Reaktionen, Fragen, auf die es keine eindeutige Antworten gibt, sowie unerlaubte Fragen vorstellen.

Auf Fragen vorbereiten

Gängige Fragen

Gängige Fragen sind Fragen zum beruflichen Werdegang bzw. zum Lebenslauf. Der Interviewer möchte verstehen, warum Sie was, wann und mit welchem Ziel gemacht haben. Wenn Sie sich entsprechend vorbereiten, wird es Ihnen leicht fallen, Fragen aus den folgenden Bereichen zu beantworten:

Fragen zu Beruf und Lebenslauf

- beruflicher Werdegang
- Schulbesuch, Ausbildung, Gründe für Wahl (ggf. Wechsel oder Abbruch) des Studienganges
- Lieblingsfächer, Weiterbildung
- berufliche Erfolge/Misserfolge
- berufliche Wünsche, Ziele und Vorstellungen
- fachliche Stärken und Schwächen
- Erwartungen an die neue Position, die neuen Vorgesetzten, Mitarbeiter und Kollegen, Karriereziele
- Bedeutung bestimmter Begriffe (wie z. B. „Teamarbeit, „Führungsstil", „Zufriedenheit")
- Vorstellungen von der Dauer der Anstellung
- allgemeine Interessen und Einstellungen
- persönliche Stärken und Schwächen
- langfristige berufliche und private Ziele
- außerberufliches Engagement, Freizeitverhalten
- Persönliches und Privates: Fragen zu Partnerschaft, Kindern, Spannungsfeld Familie/Beruf etc.
- Hobbys

aber auch auf Fragen oder Aufforderungen wie

Persönlich gefärbte Fragen

- Was würde Ihr letzter Chef über Sie sagen?
- Beschreiben Sie einen Tag Ihres letzten Praktikums.
- Warum sind Sie an dieser Stellung interessiert?
- Wo liegen Ihre Stärken?
- Was ist Ihre Schwäche?
- Wie kommen Sie mit Stress oder Zeitdruck zurecht?
- Erzählen Sie mir etwas über sich!
- Warum würden Sie gern bei uns arbeiten?
- Sie sind eine attraktive Frau. Trauen Sie es sich zu, mit männlichen Kollegen und Kunden zu arbeiten?
- Haben Sie vor, Kinder zu bekommen?

WICHTIG

Überlegen Sie sich auf all diese Fragen gute Antworten. Auch auf Fragen zum Privatleben, die eigentlich nicht gestellt werden dürfen, sollten Sie vorbereitet sein. Üben Sie diese Antworten – vor allem, wenn Rhetorik und verbale Selbstdarstellung nicht Ihre Stärke sind – durch lautes Sprechen. Lernen Sie die Antworten aber nicht auswendig. Der erfahrene Interviewer merkt das sofort.

Stärken und Schwächen

Die Frage nach den Stärken und Schwächen beispielsweise ist bei nahezu allen Unternehmen eine beliebte Frage und daher für den Bewerber voraussehbar. Auch die meisten Ratgeber für Bewerber greifen immer wieder auf diese Frage zurück. Ergebnis: Die Bewerber überlegen sich zu Hause eine plausible Antwort, lernen sie auswendig und sagen dann im Interview ihr Sprüchlein auf.

Mögliche Reaktionen auf gängige Fragen

Frage

„Warum haben Sie sich für den Beruf der Bankkauffrau entschieden?" oder *„Warum haben Sie sich für Ihr Studienfach entschieden?"*

Reaktion

Begründen Sie ausführlich und überzeugend, warum Sie sich für diesen Weg entschieden haben. Das Unternehmen versucht damit herauszufinden, ob Sie Ihre Ausbildung geplant haben, oder eher dem Zufall überlassen.

Frage

„Nach der Ausbildung zur technischen Zeichnerin haben Sie Betriebswirtschaftslehre studiert. Was hat Sie dazu veranlasst?"

Reaktion

Auch hier versucht das Unternehmen herauszufinden, was der Anlass dieses Sinneswandels war. Besonders dann, wenn die Lehre und das Studium thematisch gar nichts oder wenig miteinander zu tun haben.

Frage

„Sie haben sehr erfolgreich eine Ausbildung zum Bürokaufmann abgeschlossen und bewerben sich bei uns als EDV-Kaufmann. Was qualifiziert Sie für diese Position? Warum haben Sie nicht gleich eine Ausbildung in Richtung Informationstechnologie gewählt?"

Reaktion Als fachfremder Bewerber eingeladen zu werden, ist bereits ein großer Erfolg. Es liegt jetzt an Ihnen, eine überzeugende Erklärung dafür zu finden, warum gerade Sie über die erforderlichen Qualifikationen verfügen und wie Sie sich diese angeeignet haben.

WICHTIG

Ihre Begründung muss plausibel und überzeugend klingen. Erklärungen wie „Weil sich nicht anderes bietet", „Weil die Branche gerade boomt" oder „Ich wollte schon immer mal etwas anderes ausprobieren", werden den Personalverantwortlichen nicht überzeugen.

Frage *„Hat Ihnen Ihre Ausbildung Spaß gemacht? Würden Sie sich noch einmal für diesen Weg entscheiden?"*

Reaktion In dieser Antwort erkennt das Unternehmen Ihre Zielorientierung oder Ihr Gesprächspartner möchte herausfinden, in welcher Art und Weise Sie Kritik üben. Lassen Sie sich auf keinen Fall zu negativen Äußerungen über Vorgesetzte oder Ausbilder hinreißen.

Frage *„Welche Schwerpunkte haben Sie in Ihrer Ausbildung gesetzt?"*

Reaktion Formulieren Sie die Antwort so, dass die Schwerpunkte dem geforderten Anforderungsprofil entsprechen und damit Ihre Qualifikation untermauern.

Frage *„Was hat Ihnen in Ihrer Ausbildung am meisten Spaß gemacht? Was am wenigsten?"*

Reaktion Lassen Sie bei der Beantwortung der Frage Ihrer Begeisterung freien Lauf und beziehen Sie sich auch auf Ihr künftiges Aufgabengebiet. Achten Sie bei den weniger „spaßigen" Bereichen darauf, dass Sie sich vorsichtig ausdrücken.

Frage *„Sie haben Musikwissenschaften studiert und bewerben sich jetzt für ein Volontariat? Wie passt das zusammen?"*

Reaktion Sie bewerben sich nicht nur fachfremd, es ist auch nicht unmittelbar erkennbar, warum Sie dies tun. Das Unternehmen möchte zum einen Ihre Beweggründe verstehen und zum andern erkennen, wohin die „Reise“ gehen soll. Zielstrebigkeit oder Ausprobieren. Auch auf diese Frage sollten Sie sehr gut vorbereitet sein.

UNSER TIPP Nehmen Sie dem Unternehmen diese Frage vorweg. Begründen Sie Ihren Sinneswandel bereits in Ihrem Anschreiben.

Frage

„Warum hat Ihr Studium so lange gedauert?“

Reaktion

Lassen Sie sich nicht provozieren. Das Unternehmen will sehen, wie sie mit unangenehmen Fragen umgehen. Wenn es einen Grund für die lange Studienzeit gab, teilen sie ihn mit. Fassen Sie sich ansonsten kurz. Verfallen Sie nicht in ausführliche Rechtfertigungen.

Frage

„Wir legen größten Wert auf Programmierkenntnisse. Ihre Fachnote in diesem Bereich ist jedoch recht schlecht. Wie kommt das?“

Reaktion

Der Frage, warum die wichtigste Qualifikation nicht den Anforderungen entspricht, sollten Sie mit plausiblen Antworten begegnen können. Verweisen Sie – am besten schon im Anschreiben – auf andere Schlüsselqualifikationen, über die Sie verfügen und durch die Sie die eine „Fehlfarbe“ mehr als kompensieren können.

Frage

„Warum sollten wir gerade Sie einstellen?“

Reaktion

Diese Frage wird so oder in einer ähnlichen Form eigentlich immer gestellt. Trotzdem sind die wenigsten Bewerber darauf vorbereitet. Fassen Sie Ihre fachlichen und persönlichen Stärken nochmals kurz zusammen und bringen Sie sie in Zusammenhang mit den Anforderungen des Unternehmens.

UNSER TIPP Überlegen Sie sich im Voraus mögliche plausible Antworten. Verfallen Sie nicht in langatmige Monologe. Rechtfertigen Sie sich nicht für schlechte oder fehlende Leistung, sondern heben Sie besondere Schwerpunkte, praxisnahe Erfahrungen und sonstige Leistungen hervor, die die fehlenden Qualifikationen ausgleichen. Sollten Sie zu einem Thema befragt werden, zu dem Sie nur wenig oder gar nichts wissen, versuchen Sie nicht, Märchen zu erzählen. Geben Sie es zu. Bleiben Sie immer ehrlich. Es wäre zu peinlich, wenn man Sie bei einer (Not-)Lüge ertappt.

Überraschende Fragen und überzeugende Antworten

Auf die gängigen Fragen, die in jedem Vorstellungsgespräch gestellt werden, kann man sich vorbereiten. Die Interviewer sind jedoch nicht nur an Ihren Qualifikationen interessiert, vielmehr möchten sie Sie als Person kennen lernen. Mit speziellen Fragen versuchen sie herauszubekommen, ob Sie teamorientiert, kommunikativ, einsatzbereit, entscheidungsfreudig, ganzheitlich orientiert sind.

Frage *„Arbeiten Sie lieber zusammen mit anderen oder lieber alleine?"*

Reaktion Bevor Sie antworten, sollten Sie sich überlegen, ob die Stelle Alleinearbeiten bzw. Einzelentscheidungen erfordert. Antworten Sie entsprechend: „Wenn nötig arbeite ich auch alleine. Ich muss mich dann nicht ständig rückversichern. Eigentlich arbeite ich aber lieber im Team. Ich tausche gern neue Ideen und Konzepte mit anderen aus. Man erreicht sehr viel mehr, wenn man am gleichen Strang zieht. Mir ist aber auch bewusst, dass Entscheidungen getroffen werden müssen. Und das traue ich mir zu."

Aufforderung *„Erzählen Sie mir eine Geschichte!"*

Reaktion Die einzig akzeptable Reaktion auf diese Aufforderung ist: „Worüber möchten Sie eine Geschichte hören?" Widerstehen Sie dem Drang, etwas zu erzählen. Die Frage zielt darauf ab, Ihre analytischen Fähigkeiten zu testen: Hinterfragen Sie Sachverhalte oder folgen Sie blindlings allen Anforderungen.

Aufforderung *„Definieren Sie Zusammenarbeit!"*

Reaktion Auch diese Frage zielt auf Ihr Verhalten im Team ab. Eine mögliche Antwort könnte sein: „Zusammenarbeit ist die Fähigkeit, seine Wünsche und Überzeugungen wenn nötig, hintanzustellen, sodass die Abteilung gemeinsam das gewünschte Ziel erreicht. Ziel ist es, dass jede Person den Wunsch hat, aus einer Ansammlung individueller Persönlichkeiten ein Ganzes zu machen."

Frage *„Welche persönlichen Eigenschaften sind nötig, um auf Ihrem Gebiet erfolgreich zu sein?"*

Reaktion Gefragt sind Persönlichkeitsprofile. Haben Sie noch die Stellenanzeige im Kopf? Dann greifen Sie darauf zurück.

„Nennen Sie Dinge, bei denen Sie und Ihr Vorgesetzter nicht einer Meinung waren!"

Aufforderung

Am sichersten ist es zu sagen, dass das nicht vorkam. Leider ist das nicht sehr glaubhaft. Gehen Sie diese Frage diplomatisch an. Kritisieren Sie Ihren Vorgesetzen nicht. Bleiben Sie objektiv und loyal.

Reaktion

WICHTIG

Reagieren Sie bei allen Fragen besonnen. Lassen Sie sich nicht zu negativen oder voreiligen Antworten hinreißen. Nehmen Sie sich Zeit, um Ihre Antwort zu formulieren. Bringen Sie jedoch Ihren Gesprächspartner nicht durch Langsamkeit in Rage. Er denkt sonst, Sie antworten nicht nur im Schneckentempo, Sie arbeiten auch so.

Auf Fragen falsch reagiert

Dass man auch auf harmlose Fragen falsch reagieren und sich seine Chancen trotz ausgezeichneter „Papierform" ruinieren kann, zeigen die folgenden beiden Beispiele aus unserer Praxis.

PRAXISBERICHT

Wir haben für einen Klienten mehrere Kandidaten für die Position „Assistent(in) der Geschäftsführung" interwievt. Claudia M. war eine von ihnen. Der Geschäftsführer des Unternehmens und ich führten das Interview. Nachdem wir mit diversen Fragen die erforderlichen Qualifikationen bestätigt hatten, erläuterte der Geschäftsführer ausführlich das Unternehmen und die Position. Man konnte spüren, wie begeistert er von den Projekten und seinem Unternehmen war, wie viel Spaß er an der Arbeit hatte. Als er mit seinen Ausführungen zum Ende kam, fragte er die Bewerberin, ob Sie sich vorstellen könnte, im Unternehmen tätig zu werden. Claudia sah ihn an und sagte: „Ja." Einfach nur „Ja".
Können Sie sich vorstellen, wie enttäuscht der Geschäftsführer war? Der Geschäftsführer wollte Claudias „hungry eyes" sehen. In diesem Fall wäre es angebracht gewesen, nach dem „Ja" die

Begründung anzuhängen. Leider ergriff Claudia auch nach einigen Sekunden des Schweigens nicht die Chance.

UNSER TIPP Auch wenn eine Frage ungeschickt formuliert ist, sollten Sie mit Fingerspitzengefühl entscheiden, wie lang oder kurz eine Antwort auszufallen hat. Tendiert Ihr Gesprächspartner dazu, geschlossene Fragen zu stellen, also Fragen, die Sie mit Ja oder Nein beantworten können, wägen Sie ab, ob er wirklich nur ein Ja oder Nein hören möchte. Nutzen Sie solche Fragen, um eigene Vorstellungen einzubringen. Betonen Sie Ihre Qualifikation oder Erfahrung.

BEISPIEL

Ein Stellengesuch hatte uns auf eine interessante Kandidatin für den Bereich Personalberatung aufmerksam gemacht. Auf meinen Wunsch hin, schickte sie uns ihre Unterlagen zu, die uns von ihren fachlichen Fähigkeiten überzeugten. Ein persönliches Gespräch sollte diesen Eindruck bestätigen. Marion B. entsprach, zumindest was den ersten Eindruck anbelangte, voll und ganz unseren Erwartungen; sie war pünktlich, korrekt gekleidet, freundlich. Die Aufwärmphase des Gespräches verlief ebenfalls recht angenehm. Leider wurde es dann recht mühsam. Ich bekam das Gefühl, Marion hatte keine rechte Lust, die Fragen zu beantworten. Sie schien „genervt". Auch ihre Fragen an uns gingen in die Richtung: „Was hat Ihr Unternehmen mir zu bieten, schließlich haben Sie mich angesprochen." Auf meine Frage, warum wir Sie einstellen sollten, lehnte Sie sich zurück und konterte: „Sagen Sie mir, warum ich bei Ihnen anfangen sollte." Ich habe das Gespräch dann beendet und Marion B. ein paar Tage später abgesagt.

Stellengesuche sind eine spezielle Art der Bewerbung. Sie offerieren Ihre Leistung und „warten" auf entsprechende Reaktionen interessierter Unternehmen. Übrigens: Gespräche mit Bewerbern, die Stellengesuche aufgegeben haben, bestätigten, dass sich diese Art der Jobsuche in jedem Fall lohnt. Doch zurück zu unserem Beispiel. Bewerber, die via Stellengesuch Kontakt zu Unternehmen aufnehmen, unterscheiden sich nicht von anderen Bewerbern. Aus dem Stellengesuch kann man nur einen geringen Teil der Qualifikation entnehmen und hoffen, dass die Angaben der Wahrheit entsprechen. Eine Einladung zum Gespräch ist mit Sicherheit kein Freibrief für einen Arbeitsvertrag oder eine Einstellung, wie Marion B. sie hatte, „Warum sollte ich überhaupt in Ihrem Unternehmen tätig werden?“ Egal, welche Form der Unternehmensansprache zum Vorstellungsgespräch führt, Sie sind ein Bewerber, den man erst kennen lernen möchte. Bereiten Sie sich auf das Gespräch vor. Wenn Sie keine Lust auf die Position oder das Unternehmen haben oder sich nicht sicher sind, klären Sie dies mithilfe eines Telefonates. Ersparen Sie jedoch sich und dem Unternehmen Gespräche, wie wir sie mit Marion B. geführt haben.

Unerwartete Fragen

Neben den so genannten gängigen Fragen, auf die Sie sich ohne Schwierigkeiten vorbereiten können, stellt natürlich jeder Interviewer Fragen, auf die man als Bewerber spontan reagieren muss. Auf manche dieser Fragen erwartet man jedoch keine eindeutige Antwort. Sie dienen einzig und allein dazu, die Reaktionen des Bewerbers zu prüfen und die Art des Antwortens zu bewerten.

Stellen Sie sich vor, Sie befinden sich in einem Vorstellungsgespräch bei einem Consulting-Unternehmen. Der Interviewer stellt Ihnen folgende Frage: *„Herr Meier, wie viel Prozent des deutschen Hausmülls sind Babywindeln?“*

Haben Sie sich beim Lesen dieser Frage beobachtet? Was war Ihre erste Reaktion? „Was für ein Blödsinn“ oder eher „Wie bitte?“, vielleicht auch „Woher soll ich das wissen?“. Ziel solcher Fragen ist es, Ihre Reaktionen auf Unerwartetes zu testen. Wie verhalten Sie sich in unvorhergesehen Situationen. Es wäre Zufall, wenn Sie auf diese Art Fragen eine eindeutige Antwort parat hätten.

Der Lösungsweg ist interessant

Was der Interviewer von Ihnen hören möchte, ist ein Lösungsweg. Denken Sie laut. „Es gibt xy Haushalte in Deutschland. Davon haben etwa x% Kinder im Windelalter. Ein kleines Kind benötigt durchschnittlich y Windeln am Tag. Bei einem Müllaufkommen von z pro Woche, würde das in etwa einem Aufkommen von xyz% entsprechen.“

Einzelinterview bei einer Messegesellschaft für die Position des Projektleiters: *„Frau Schmidt, wir würden gerne eine neue Messe in*

Deutschland etablieren. Thema ist Telearbeit. Zur Zeit wissen wir nicht, ob es ein entsprechendes Konkurrenzprodukt gibt, wie sinnvoll diese Messe sein könnte und wie lange wir brauchen würden, um diese Messe zu planen. Wie würden Sie als Projektleiterin an dieses Thema herangehen? Problem an der Sache ist, dass wir unter Zeitdruck stehen. Wenn diese Messe stattfindet, sollte sie spätestens im Herbst, also in 6 Monaten stattfinden. Denken Sie, das ist realistisch?"

Denken Sie laut!

Auch hier sollten Sie laut denken. „Projektschritte wären, Konkurrenzanalyse, Zielgruppen definieren, …, Rahmenprogramm zusammenstellen und die Durchführung der Messe. Für die Konkurrenzanalyse wären eigentlich einige Monate zu veranschlagen. In Anbetracht des Zeitdrucks, müssten jedoch 2 Wochen genügen. Akquise-Unterlagen erstellen, …, die eigentliche Akquise, die Organisation und schließlich die Durchführung. Bei dieser Kalkulation, die ich schon als extrem eng betrachte, würde ich davon abraten, diese Messe in 6 Monaten durchzuführen. Sinnvoller wäre in 12 Monaten."

Ein anderes Beispiel, das in die gleiche Richtung geht, wäre: *„Wie hoch schätzen Sie den Marktanteil von Mercedes in Schweden ein?"*

Diese Beispiele zeigen, dass es auf diese Art Fragen keine eindeutigen Antworten gibt und auch nicht erforderlich sind. Einzig die Art und Weise, wie Sie an ein Problem herangehen, ist hierbei interessant. Hüten Sie sich davor, dem Interviewer eine Zahl zu nennen. Zeigen Sie ihm, dass Sie logisch und analytisch denken können und dass Sie mit Zahlen umgehen können. Erscheint Ihnen die Frage zu allgemein oder ist Sie Ihnen unklar, stellen Sie entsprechend Rückfragen: „Wenn Sie von Mercedes in Schweden sprechen. Meinen Sie dann den Marktanteil der PKWs oder LKWs?" oder „Die Anzahl der Autos von Mercedes in Schweden oder der Wert der Autos?".

WICHTIG

Das Ziel ist es nicht, die Lösung parat zu haben. Das Ziel ist der Lösungsweg. Denken Sie laut!

Unerlaubte Fragen oder „Lizenz zum Lügen"

Zu guter Letzt gibt es natürlich auch Fragen, die im Vorstellungsgespräch eigentlich nicht gestellt werden dürfen. Es kommt aber immer wieder vor, dass ein Interviewer seine Neugier nicht zügeln kann. Bei den folgenden Themen ist eine elegante Lüge in der Regel legal und wesentlich wirkungsvoller als die Weigerung, Auskunft zu geben:

Fragen, die nicht wahrheitsgemäß beantwortet werden müssen ...

- Schwangerschaft und Familienplanung
- gewerkschaftliches Engagement
- frühere Krankheiten
- Freizeitgestaltung
- private Vermögensverhältnisse
- Vorstrafen im Allgemeinen
- politische Meinung
- Zugehörigkeit zu Religionsgemeinschaften oder Sekten

... es sei denn ...

Ausnahmen: Die Frage ist dann erlaubt, wenn die Antwort konkret für die ausgeschriebene Stelle eine Rolle spielt. Wer mit gesundheitsschädlichen Stoffen umgeht, sollte nicht schwanger sein. Ebenso darf eine Partei ihren angehenden Pressesprecher nach seiner politischen Meinung fragen. Ferner: Bewirbt sich eine Frau für eine Position, bei der man davon ausgehen kann, dass sich ausschließlich Frauen bewerben (wie beispielsweise Kindergärtnerin), ist die Frage nach der Schwangerschaft sogar legal und muss wahrheitsgemäß beantwortet werden.

Strittig sind Fragen nach der Zugehörigkeit zu bestimmten Sekten. Immer mehr Unternehmen lassen sich von ihren neuen Mitarbeitern bestätigen, dass sie nicht Mitglied beispielsweise von „Scientology" sind. Hat der Mitarbeiter nachweislich eine Falschaussage getroffen, reagieren die Unternehmen mit Kündigung.

Was Sie selbst fragen sollten

Gegen Ende eines Gespräches haben Sie als Bewerber Zeit, dem Unternehmensvertreter Fragen zu stellen. Bereiten Sie sich auch auf diesen Teil des Gespräches vor. Notieren Sie sich Ihre Fragen. Sollte die ein oder anderen im Laufe der Unterhaltung bereits beantwortet sein, haken Sie sie ab. Scheuen Sie sich nicht, Ihre Notizen auf den Tisch zu legen und abzulesen. Ebensowenig sollten Sie sich scheuen, die Antworten kurz zu notieren.

UNSER TIPP Stellen Sie möglichst offen Fragen. Fragen, die mit „Wer", „Was" oder „Wie" beginnen, sodass Ihr Gegenüber nicht nur mit „Ja" oder „Nein" antworten kann, sondern mit längeren Ausführungen reagieren muss.

Fragen zum Unternehmen:

Die richtigen Fragen stellen

- Momentan wird von einer Fusion Ihres Unternehmen mit XY gesprochen. Welche Auswirkungen hat dies auf meine Position bzw. meinen Aufgabenbereich?
- Wie groß ist das Team, in dem ich arbeiten werde?
- Wie sieht mein Arbeitsplatz aus? Werde ich im Großraumbüro arbeiten oder ein Einzelbüro haben?
- Wie ist die Computerausstattung? Arbeiten Sie mit XY? Gibt es ein internes Netzwerk?
- Haben die Mitarbeiter E-Mail und/oder Internetanschluss?
- Wie ist meine Position in der Unternehmenshierarchie angesiedelt?
- Welcher Führungsstil wird praktiziert?

WICHTIG

Lassen Sie erkennen, dass Sie diese Fragen nicht aus Höflichkeit, sondern aus Interesse stellen. Überlegen Sie sich daher gut, was Sie im Einzelnen fragen wollen.

Allgemeine Fragen:

- Bieten Sie ein spezielles Einarbeitungsprogramm für Ihre Mitarbeiter an? Wie sieht es aus?
- Welche Aufstiegsmöglichkeiten bieten sich mir?
- Welche Weiterbildungsmöglichkeiten gibt es?
- Ist ein Einsatz im Ausland grundsätzlich möglich? Welche Voraussetzungen müssen dafür erfüllt werden?
- Welchen Umfang wird die Reisetätigkeit haben?

UNSER TIPP Lesen Sie sich zur Vorbereitung Ihrer Fragen nochmals die Anzeige durch. Welche Fragen haben Sie ad hoc. Eine weitere Hilfe ist: Versuchen Sie, die Position einem Freund zu beschreiben und lassen Sie sich Fragen stellen. Welche können Sie nicht beantworten?

Was und wie Sie auf keinen Fall fragen sollten

Vermeiden Sie „Warum-Fragen". Sie unterstellen Kritik und vermitteln Ihrem Gegenüber, er müsse sich rechtfertigen. Verpacken Sie Fragen nach dem „Warum" in Formulierungen, wie beispielsweise „Aus welchen Gründen …"

Wenn Sie sich um eine um qualifizierte Position bewerben, dient das erste Gespräch dem Unternehmen häufig noch zur Vorauswahl der geeignetsten Bewerber. Fragen zum Gehalt, zur Arbeitszeit, zu Sozialleistungen oder Ähnlichem sollten Sie also vorerst nicht stellen. Diese gehören in das zweite Gespräch, sofern Sie dazu eingeladen werden. Sprechen Sie diese Themen im ersten Gespräch bereits an, vermitteln Sie dem Gesprächspartner das Gefühl, mehr an monetären Dingen als an der Position interessiert zu sein. Sie müssen allerdings damit rechnen, dass diese Fragen von Ihrem Geprächspartner aufgeworfen werden. Daher sollten Sie nicht allzu überrascht die Augen aufreißen, wenn es geschieht.

WICHTIG

Quod licet jov, non licet bovi. Was der Bewerber sich versagen sollte, kann sich der Unternehmervertreter erlauben. Keinesfalls dürfen Sie auf die Frage nach Ihrer Gehaltsvorstellung erwidern: „Das gehört erst in ein zweites Gespräch." Gehen Sie also mit möglichst präzisen Vorstellungen zu diesem Fragenkomplex auch schon in die erste Unterredung.

Keine unangebrachten Fragen stellen

Fragen, die bereits in einem der vorhergehenden Gespräche geklärt wurden, sollten nicht weiter erörtert werden. Ebenso Fragen zum Unternehmen, von denen man annehmen kann, dass sie Ihnen vor der Bewerbung klar waren.

A–Z

Missgeschicke und wie man damit umgeht

Auf Fragen kann man sich vorbereiten. Was macht man jedoch, wenn man plötzlich mit einer völlig unvorhersehbaren Situation konfrontiert wird? Wer rechnet schon damit, dass der einzige freie Stuhl im Raum festgekettet ist, oder das Gespräch in ein Nobelrestaurant verlegt wird. Wie Sie mit diesen und vielen anderen Situationen umgehen können, finden Sie auf den folgenden Seiten.

Aggressionen Ihr Gesprächspartner hat Sie soweit gebracht, dass Sie kurz vor der Explosion stehen. Bleiben Sie ruhig. Zählen Sie innerlich auf drei, holen Sie tief Luft und lassen Sie sich nicht provozieren. Gehen Sie davon aus, dass es eine Taktik ist, um Ihre Stressresistenz zu testen. (→ Stress-Interview)

Alkohol Verzichten Sie grundsätzlich während des Vorstellungsgespräches auf Alkohol, auch wenn Ihr Gesprächspartner bereits ein Glas Bier vor sich stehen hat, es sich zum Essen anbieten würde oder die Atmosphäre entspannt ist. Legen Sie sich für alle Fälle eine passende Ausrede zurecht, z. B. dass Sie kein Weinkenner sind und es schade wäre um den edlen Tropfen …

Antipathie Der Name auf der Einladung zum Gespräch sagt Ihnen nichts. Als Sie sich jedoch gegenüberstehen, stellen Sie fest, dass Sie sich bereits kennen und leider nicht besonders mögen. Ist Ihr Gesprächspartner Ihr zukünftiger Vorgesetzter, sollten Sie sich überlegen, ob diese Antipathie grundsätzlich eine Voraussetzung für ein gutes Zusammenarbeiten ist.

Assessment-Center Überraschung! Sie sind Teilnehmer eines Assessment-Centers, ohne dass Sie davon wussten. Klären Sie vorab, in welcher Form das Gespräch stattfindet. Unternehmen überraschen gewöhnlich nicht mit solchen Auswahlverfahren, da diese meist einen Tag oder mehr in Anspruch nehmen.

Ästhetik Nicht allen Menschen ist Schönheit in die Wiege gelegt worden. Möglicherweise schielt Ihr Gegenüber, stottert oder leidet offensichtlich an einer Hautkrankheit. Für Sie ist es Ihr Gesprächspartner und die Schlüsselfigur zu Ihrem Traumjob. Aussehen spielt dabei keine Rolle.

Aufregung Na und? Mit dem Adrenalinausstoß vor jedem Auftritt müssen andere (z. B. Sportler, Schauspieler und Nachrichtensprecher) schon berufshalber leben. Keine Panik, falls Ihr Körper sichtbar reagiert. Es ist keineswegs peinlich und Ihr Gesprächspartner wird es höflich übersehen. Hören Sie konzentriert zu, halten Sie Blickkontakt, lassen Sie Ihren Gesprächspartner ausreden, zählen Sie bei kniffligen Fragen erst bis drei, bevor Sie antworten. So überbrücken Sie die ersten und damit manchmal schwierigsten Minuten.

Beherrschung verloren Ihr Gesprächspartner bombardiert Sie mit Fragen, lässt Sie kaum ausreden und behauptet dann, Sie hätten keine Ahnung. Frechheit, meinen Sie? Taktik, sage ich. Auch wenn Sie sich wie ein Vulkan vor dem Ausbruch fühlen, verlieren Sie nicht die Beherrschung. (→ Stressinterview, S. 103 ff.). Verlieren Sie doch die Beherrschung, entschuldigen Sie sich dafür. Erklären Sie Ihrem Gesprächspartner, warum Sie so reagiert haben. Vielleicht war das ja auch nur das Ziel des Bombardements.

Bewerbungsunterlagen Nehmen Sie zur Sicherheit immer einen kompletten Satz Bewerbungsunterlagen zum Gespräch mit. Oft kommt es vor, dass Sie mehr als einem Gesprächspartner gegenüber sitzen, diese aber keine Unterlagen vorliegen haben, oder Ihre Unterlagen, wurden von der Personalabteilung unvollständig kopiert. Falls Sie aufgefordert wurden, Unterlagen nachzureichen, sollten Sie diese auf alle Fälle dabei haben.

Blähungen Unangenehm. Bitten Sie rechtzeitig um eine kurze Unterbrechung, um Peinlichkeiten zu vermeiden.

Blut Sie haben sich verletzt. Die Wunde blutet. Wenn Sie Wundpflaster dabeihaben, entschuldigen Sie sich kurz und bringen Sie es an. Ansonsten nehmen Sie ein Papier- oder Stofftaschentuch. Vermeiden Sie es, das Blut mit den Händen abzuwischen oder gar abzulecken.

Brennende Augen Ihre Augen jucken aus irgendeinem Grund. Sollte es mit kurzem Reiben nicht behoben sein, versuchen Sie, den Juckreiz mit Wasser zu lindern. Entschuldigen Sie sich für eine kurzen Augenblick. Vermeiden Sie auf jeden Fall, ständig die Augen zu reiben oder permanent zu zwinkern. Besser könnte man „Nervosität“ nicht zum Ausdruck bringen.

Kommt der Juckreiz vom Zigarettenrauch Ihres Gesprächspartners, könnten Sie mit viel Fingerspitzengefühl darum bitten, das Fenster öffnen zu dürfen oder das Rauchen einzuschränken.

Brille Denken Sie daran, dass auch eine Brille die äußere Erscheinung ausmacht. Saubere Gläser sind eine Selbstverständlichkeit. Vermeiden Sie es, die Brille während des Gespräches ständig zu säubern oder zurechtzurücken. Es würde Ihnen als Nervosität ausgelegt werden.

Chauvi Sie können sich Ihren Gesprächspartner nicht aussuchen. Nehmen Sie ihn wie er oder sie ist. Sollte es sich um Ihren oder Ihre zukünftige(n) Vorgesetze(n) handeln, sollten Sie sich überlegen, ob Sie sich vorstellen können, mit ihm oder ihr täglich zu arbeiten.

Duft Es gibt nichts Unangenehmeres, als ein schlecht oder aufdringlich riechendes Gegenüber. Machen Sie gute Miene zum schlechten Spiel. Bitten Sie, wenn es ganz arg ist, darum, das Fenster öffnen zu dürfen.

Essen Sie werden zum Essen eingeladen. Rauchen Sie nicht, trinken Sie keinen Alkohol, betreiben Sie gut gelaunt Konversation, überlegen Sie sich zweimal, was Sie von sich preisgeben. Glauben Sie nicht, es wäre jetzt Spielpause.

Fingernägel abgerissen Ignorieren Sie es. Beginnen Sie nur nicht, ständig daran herumzubasteln oder gar herumzuknabbern.

Fingernägel einseitig lackiert Zu spät, um sich darüber aufzuregen. Ignorieren Sie es einfach. Versuchen Sie nicht, die unlackierten Fingernägel krampfhaft zu verstecken, oder die Hand gar unter dem Tisch zu halten. Sagen Sie doch einfach, es sei der „neueste Schrei", wenn man Sie darauf anspricht.

Fachfremde Fragen Kann immer wieder vorkommen. Vor allem in der Beratungsbranche, in der zwar Spezialisten gesucht werden, aber eine gewisse Allgemeinbildung bzw. BWL-Kenntnisse Voraussetzung sind. Prophylaxe: Lesen Sie Tageszeitungen der letzten 3 Tage, „Wirtschaft und Politik". Oft werden aktuelle Themen angesprochen.

Feuchte Hände Feuchte Hände werden von vielen Menschen beim Händeschütteln als unangenehm empfunden. Sollte man dazu neigen, empfiehlt es sich, kurz vor dem Händedruck die Handfläche schnell und unbemerkt über die Hose oder den Mantel zu streifen.

Frauen? Nein, danke! Während des Gespräches wird immer deutlicher, dass Ihr Gesprächspartner nur sehr ungern eine Frau auf der ausgeschriebenen Position sehen würde. Ist der Gesprächspartner Ihr zukünftiger Vorgesetzter, sollten Sie sich als Frau fragen, ob Sie sich diesen (Macht-)Kampf tagtäglich antun wollen. Ist Ihnen die Position wichtig, sprechen Sie Ihren Gesprächspartner direkt darauf an (→ Stress-Interview). Bleiben Sie jedoch freundlich und diplomatisch. Greifen Sie ihn nicht an. Versuchen Sie herauszufinden, warum er lieber einen Mann einstellen würde.

Gesprächspartner bietet keinen Platz an Nehmen Sie erst nach einer Aufforderung durch Ihren Gesprächspartner Platz. Wenn Ihr Partner sitzt und Sie stehen lässt, fragen Sie höflich, ob Sie sich setzen dürfen.

Gesprächspartner hat die Unterlagen nicht gelesen Werden Sie nicht ungeduldig oder unhöflich. Fassen Sie die wichtigsten Stationen Ihres Lebenslaufes kurz zusammen. Nutzen Sie es als Möglichkeit, sich ins beste Licht stellen zu können. Übertreiben Sie es aber nicht.

Gesprächspartner ist sehr viel jünger ... Na und? Anders herum gefragt, sind Sie dann nicht zu alt? Das Unternehmen wird einen Grund dafür gehabt haben, Sie einzuladen. Das Alter war offensichtlich nicht ausschlaggebend. Reagieren Sie entsprechend.

Gesprächspartner macht anzügliche Bemerkungen Gehen Sie nicht auf seine Bemerkungen ein. Ignorieren Sie sie und bleiben Sie gelassen, auch wenn Sie mit den Bemerkungen persönlich angegriffen werden. Es könnte eine Taktik sein, um Sie aus der Reserve zu locken (→ Stress-Interview). Wenn Sie das Gefühl haben, dass Ihr Gesprächspartner einfach so ist, ziehen Sie in Betracht, falls er oder sie Ihr zukünftiger Vorgesetzter ist, ob Sie sich diesen (Macht-)Kampf tagtäglich antun wollen.

Gesprächspartner spricht kein Deutsch In international tätigen Großunternehmen kommt es vor, dass bereits im Anforderungsprofil eine Sprache als Voraussetzung genannt ist. Sie müssen damit rechnen, dass Ihr Vorstellungsgespräch in dieser Sprache stattfindet.

Gestank Ignorieren Sie ihn einfach. Es sei denn, es riecht nach Tabakrauch und abgestandenem Aschenbecher (→ Duft). Bitten Sie im Notfall darum, ein Fenster öffnen zu dürfen.

Händeschütteln Man zerquetscht Ihnen die Hand. Versuchen Sie, ein Aufschreien zu vermeiden und demonstrieren Sie Ihren Schmerz nicht zu offensichtlich. Seien Sie für das Händeschütteln zum Abschied entsprechend vorbereitet. Je nach Atmosphäre können Sie eine lockere Bemerkung fallen lassen, um Ihrem Gesprächspartner zu signalisieren, dass Ihre Hand zu Brei gedrückt wurde.

Handy Oberste Regel für das Gespräch: Handy ausschalten und in der Tasche lassen. Sollten Sie es versehentlich vergessen haben und es klingelt, nehmen Sie das Gespräch nicht an. Schalten Sie das Gerät ab und entschuldigen Sie sich für die Störung.

Hose/Rock zerrissen Sie haben sich gesetzt und stellen im Augenblick des Hinsetzens fest, dass der Stuhl kaputt ist. Leider zu spät. Die Hose bzw. der Rock hat bereits Schaden erlitten. Kommen Sie jetzt nicht auf die Idee, fluchend und schimpfend Schadenersatz geltend zu machen. Weisen Sie ruhig darauf hin, dass der Stuhl kaputt ist und bitten Sie um einen neuen. Üblicherweise wird man Ihnen anbieten, für den Schaden aufzukommen. Geschieht das nicht, entscheiden Sie nach Stimmungslage und Gesprächsverlauf, ob Sie Schadenersatz verlangen.

Juckreiz Unauffällig kratzen. Ist dies nicht möglich, so entschuldigen Sie sich für eine kurzen Augenblick. Nicht nach dem Lineal greifen und den Rücken kratzen.

Kaffee – Kaffee ohne Zucker – nein, danke Kaffee gerne. Mit Milch und Zucker bitte. Leider ist beides nicht greifbar. Verzichten Sie lieber auf ein Getränk. Zwingen Sie sich nicht, aus Höflichkeit etwas zu trinken, was Ihnen nicht schmeckt.

Kaffee – Kaffee verschüttet Kann passieren. Bleiben Sie ruhig und gelassen. Entschuldigen Sie sich dafür und tragen Sie dazu bei, dieses Malheur zu entfernen.

Knie beim Hinsetzen angeschlagen Unangenehm und schmerzhaft. Keiner wird Ihnen ein „Au" verübeln. Vermeiden Sie jedoch, sich vor Schmerz zu krümmen. Wehleidigkeit ist keine gute Einstellungsvoraussetzung.

Knopf fehlt Sie sind im Begriff, sich zu setzen und ein Knopf springt ab. Es bleibt keine Zeit mehr, ihn anzunähen. Nehmen Sie es mit Humor und ignorieren Sie es, wenn möglich. Sollte der Knopf allerdings an einer Stelle abgesprungen sein, die unbedingt einen Knopf erfordert, halten Sie für solche Gelegenheiten Sicherheitsnadeln griffbereit.

Kontaktlinsen Sie haben eine Kontaktlinse verloren. Entschuldigen Sie sich und bitten Sie um kurze Unterbrechung, um Ihre Linse wiederzufinden. Sollten diese sich jedoch nicht in kürzester Zeit auffinden lassen, brechen Sie die Suche ab und konzentrieren Sie sich wieder auf das Gespräch.

Kopfschmerzen Wenn Sie absehen können, dass Sie nicht in der Lage sind, konzentriert dieses Gespräch zu führen, informieren Sie Ihren Gesprächspartner und bitten Sie – so es gar nicht anders geht – um eine Verschiebung des Gesprächs.

Krawatte/Schal im Getränk/Essen Sie beugen Sich nach vorn und schon ist es passiert. Ihre Krawatte/Ihr Schal stippt in der Kaffeetasse. Nehmen Sie die Krawatte oder den Schal lieber ab, bevor sie die Ergebnisse Ihres Ungeschicks auch auf dem Hemd/der Bluse wiederfinden. Geübte „Schlipsträger" legen beim Aufstehen Ihre Hand auf den Bauch und halten somit die Krawatte fest.

Lachkrampf Ein Wort gibt das andere und Sie sind kurz davor zu platzen. Vor Lachen. Manchmal genügt schon ein besonders komischer Versprecher. An sich kein Problem. Nur im Vorstellungsgespräch möglicherweise völlig fehl am Platz, wenn nicht sogar beleidigend. Wenn Sie sich gar nicht mehr halten können, verlassen Sie frühzeitig den Raum mit der Entschuldigung die Toilette aufzusuchen, bevor es blamabel wird.

Macho (→ Chauvi)

Man hat sich nicht auf Sie eingestellt Erkundigen Sie sich ruhig und gelassen, ob das Gespräch dennoch stattfindet oder ob es sinnvoller ist, einen neuen Termin zu vereinbaren. Hat man Sie offensichtlich vergessen, sollten Sie überlegen, ob Sie sich im richtigen Unternehmen beworben haben. Oder nehmen Sie es mit Humor und vereinbaren Sie einen neuen Termin.

Mittagszeit Wenn Sie absehen können, dass Ihr Gespräch über die Mittagszeit geht, können Sie einem knurrenden Magen zuvorkommen und kurz vor Beginn des Gespräches noch eine Kleinigkeit essen. Dauert das Gespräch länger als erwartet, nutzen Sie die Gelegenheit, etwas zu trinken oder greifen Sie zu Keksen, so diese angeboten werden. Steht nichts dergleichen zur Verfügung, müssen Sie Ihren Magen knurren lassen. Ignorieren Sie es einfach. Werden Sie darauf angesprochen oder Ihr Gesprächspartner registriert es, lächeln Sie und entschuldigen Sie sich für Ihren „ungezogenen" Magen.

Nervosität Viele Bewerber sind vor dem Vorstellungsgespräch nervös. Versuchen Sie, bevor Sie Ihrem Gesprächspartner gegenüberstehen, folgende Ratschläge zu beherzigen. Atmen Sie tief durch. Heben Sie den Kopf. Sagen Sie sich in Gedanken folgende Sätze: „Ich bin sehr gut vorbereitet. Mir kann nichts passieren. Ich bin entspannt. Ich freue mich auf das Gespräch."

Position Sie sind hervorragend auf die ausgeschriebene Position vorbereitet. Im ersten Satz jedoch eröffnet man Ihnen, dass Sie für eine ganz andere sehr interessante Stelle ausgewählt wurden. Jetzt zeigt sich, ob Sie wirklich gut vorbereitet sind. Haben Sie Ihren Lebenslauf im Kopf? Sind Sie flexibel genug, ihn auf das neue Anforderungsprofil anzupassen? Hören Sie sich auf alle Fälle an, was Ihre Gesprächspartner anzubieten haben, und lassen Sie sich Zeit mit einer endgültigen Entscheidung.

Rauchen Es ist schon besonders unfreundlich, wenn Ihr Gesprächspartner während des Interviews raucht. Verkneifen Sie sich nach Möglichkeit, ihn darum zu bitten, auf die Zigaretten zu verzichten. Er oder sie ist Herr im Haus. Sie könnten durch eine allgemeine Frage nach den Gepflogenheiten im Unternehmen auf das Rauchen zu sprechen kommen. Verzichten Sie aber auch als Raucher unter allen Umständen auf die angebotene Zigarette.

A–Z

Schluckauf Während des Gespräches bekommen Sie Schluckauf. Wenn Sie über ein probates Hausmittel verfügen, um ihn wieder loszuwerden, entschuldigen Sie sich einen Augenblick und wenden Sie es an. Nehmen Sie es locker. Meiden Sie Getränke, von denen Sie wissen, dass sie Ihnen gewöhnlich Schluckauf verursachen.

Schweißperlen Hitze, Nervosität, was auch immer der Grund ist, der Ihnen die Schweißperlen auf die Stirn treibt – halten Sie ein Erfrischungstuch bereit. Es wirkt oft Wunder.

Sexuelle Belästigung Grundsätzlich dürfen sexuelle Belästigungen nicht hingenommen werden. Schon gar nicht im Bewerbungsgespräch. Wenn es schon mit Anzüglichkeiten beginnt (→ Gesprächspartner macht anzügliche Bemerkungen), wie soll es dann erst im Berufsalltag aussehen? So wichtig kann keine Stelle sein, dass Sie sich dem aussetzen. Wehren Sie den Anfängen! Gehen Sie sofort oder stellen Sie klar, wo die Grenze ist.

Sitzgelegenheit Stehen Ihnen mehrere Sitzgelegenheiten zur Verfügung, wählen Sie diejenige, die es Ihnen ermöglicht, Ihrem Gesprächspartner möglichst gegenüberzusitzen. Rücken Sie ihm nicht „auf die Pelle“, aber drücken Sie sich auch nicht in die entfernteste Ecke! Steht keine oder nur eine sehr unzureichende Sitzgelegenheit zur Verfügung, lassen Sie sich nicht aus der Ruhe bringen. Fragen Sie höflich nach, wo sich ein Stuhl findet.

Stimme versagt Sie bekommen plötzlich kein Wort mehr heraus. Oder der „Frosch“ sitzt im Hals. Versuchen Sie es mit Räuspern oder Hüsteln. Bitten Sie um einen Schluck Wasser.

Stolpern Kann passieren. Stolpern Sie häufiger als sonst, gehen Sie vielleicht anders und sind verkrampft. Lockern Sie sich, um wieder die Kontrolle über Ihre Gliedmaßen zu gewinnen.

Störungen durch Mitarbeiter Ihr Gespräch wird ständig gestört. Lassen Sie sich dadurch nicht beeindrucken. Machen Sie sich während des Gesprächs Notizen, sodass Sie jederzeit den Faden da wieder aufnehmen können. Möglicherweise „brennt“ es gerade bei einem Projekt, sodass Sie die Gelegenheit haben, die Arbeitsweise der Kollegen unter Druck kennen zu lernen.

Störungen durch Telefonate Ihr Gespräch wird ständig durch Anrufe gestört. Obwohl es extrem unhöflich vonseiten Ihres Gesprächspartners ist, diese Gespräche anzunehmen, sollten Sie sich dadurch nicht aus der Ruhe bringen lassen. Haben Sie jedoch das Gefühl, dass Ihr Gesprächspartner überhaupt nicht bei der Sache ist, bieten Sie ihm eine Verschiebung des Gespräches an.

Sympathie Auch so etwas kann vorkommen. Sie werden Ihrem Gesprächspartner vorgestellt und finden ihn oder sie auf Anhieb sympathisch. Vielleicht sogar mehr als sympathisch. Brisante Situation: Schließlich geht es um Ihre eventuelle Anstellung. Schieben Sie, wenn möglich, aufkommende Gefühle in den Hintergrund und lassen Sie Ihren Verstand das Gespräch regieren.

Toilette Sie müssen dringend auf die Toilette. Gehen Sie. Es gibt nichts Unangenehmeres, als in Gedanken nicht bei der Sache zu sein bzw. beim Gespräch. Bitten Sie höflich um eine kurze Unterbrechung und entschuldigen Sie sich dafür. Ihr Gesprächspartner wird Verständnis dafür haben.

Tränen Es scheint nicht Ihr Tag zu sein und der Gesprächspartner provoziert Sie, wo er kann. Sie fühlen sich den Tränen nahe. Geben Sie sich nicht die Blöße. Zählen Sie bis drei und holen Sie tief Luft. Zur Not können Sie mit der Entschuldigung, sie müssten auf die Toilette gehen, eine kurze Pause einlegen.

Übelkeit Ihnen ist übel vor Aufregung, der Magen ist verdorben, sie fühlen sich einfach nicht wohl. Atmen Sie tief durch und konzentrieren Sie sich auf das Gespräch, nicht auf Ihren Magen. Manchmal wirkt das schon Wunder. Ist die Magenverstimmung von so ernster Natur, dass Sie das Gespräch nicht fortführen können, bitten Sie um eine Terminverschiebung und hoffen Sie auf das Verständnis Ihrer Gesprächspartner.

Underdressed/overdressed Auch das Outfit muss vorbereitet sein. Manche Branchen haben eine Bekleidungsordnung, die dem Uniformzwang ähnelt. Es wird dort nicht als originell aufgefasst, wenn Sie dagegen verstoßen. In anderen, modernen Branchen haben Sie verspielt, wenn Sie im Nadelstreifenanzug oder im dunkelblauen Kostüm erscheinen. Sollten Sie sich dennoch total vertan haben – meist merken Sie das gleich an der ersten Reaktion Ihres Gesprächspartners – machen Sie gute Miene zum bösen Spiel und versuchen Sie, Ihre Extravaganz als Originalität zu verkaufen.

Vergessen? Assessment-Center. Ein erfolgreicher Tag geht zu Ende. Das Einzelgespräch steht noch aus und es wird später und später. Sie warten jedoch immer noch. Da gibt es nur eines. Nachfragen, bevor Sie derjenige sind, der das Licht ausmacht.

Verschwatzt Zu lange auf einem Thema herumgeritten? Begeistert Anekdoten erzählt? Monologe gehalten? Rechthaberisch herumargumentiert? Beim Flunkern erwischt worden? Über Kollegen und Vorgesetzte geschimpft? Allgemeine Themen wie Politik, Gewerkschaften, Ökologie und den neuen BMW breitgetreten? Vielleicht gar den Gesprächspartner verbal attackiert? Und am Ende, zwischen Tür und Angel, auch noch gefragt, wie denn die Chancen stehen? „Das ist traurig, aber auch zu dumm." Trainieren Sie Gesprächsabläufe. Das nächste Mal wird dann sicher besser.

Wartezeit Man lässt Sie Ewigkeiten warten. Bleiben Sie höflich. Seien Sie geduldig. Lässt man Sie jedoch offensichtlich schmoren, sollten Sie sich überlegen, ob Sie sich im richtigen Unternehmen beworben haben? Bewahren Sie unbedingt die Form; auch wenn Sie das Gespräch abbrechen.

Zahnschmerzen (→ Kopfschmerzen, → Übelkeit)

Verabschiedung

Jedes Vorstellungsgespräch geht irgendwann zu Ende. Für gewöhnlich leiten die Fragen zu den finanziellen und sozialen Rahmenbedingungen diesen Abschnitt ein. Ist jedoch sicher, dass noch ein zweites Gespräch folgen wird, kann dies durchaus auch erst in diesem verhandelt werden. Ansonsten werden sich Ihre Gesprächspartner bei Ihnen für das Gespräch bedanken und man verabschiedet sich. Wichtig ist, dass Sie sich vorher noch über den weiteren Ablauf verständigen. Wird es ein weiteres Gespräch geben? Wird ein Assessment-Center stattfinden? Wie viel Gespräche werden es insgesamt noch sein? Wer sind dann die Gesprächspartner? Wann wird das nächste Gespräch stattfinden? Wer meldet sich wann bei wem?

UNSER TIPP Lassen Sie sich nicht mit einem „Wir werden uns bei Ihnen melden" abspeisen. Fragen Sie nach, in welchem Zeitraum Sie mit einer Rückmeldung rechnen dürfen. Denken Sie jedoch daran, wie auch immer das Gespräch aus Ihrer Perspektive verlaufen sein mag, Haltung zu bewahren.

GOLDENE REGELN

Was zeichnet ein erfolgreiches Gespräch aus?

1. Bereiten Sie sich auf das Gespräch vor.
2. Achten Sie auf ein gepflegtes, dem Unternehmen bzw. der Branche entsprechendes Äußeres.
3. Kommen Sie pünktlich!
4. Gehen Sie offen auf Ihre(n) Gesprächspartner zu.Lächeln Sie. Begrüßen Sie ihn/sie mit einem festen Händedruck.
5. Halten Sie mit dem Gesprächspartner während des Gespräches Blickkontakt. Schauen Sie, vor allem wenn er redet, nicht „uninteressiert" in der Gegend herum!
6. Vermeiden Sie extreme Körperhaltungen und Bewegungen (Arme vor der Brust verschränkt, geballte Faust, unablässiges „Scharren" mit den Füßen, endloses „Spielen" mit dem Kugelschreiber, Dehn- und Streckübungen während des Gesprächs usw.).
7. Räuspern und hüsteln Sie nicht laufend während des Gesprächs. Es zeugt von Unsicherheit und stört außerdem.
8. Fühlen Sie sich nicht immer für eventuelle Gesprächspausen verantwortlich und füllen Sie diese vor allem nicht mit „leerem" Geplauder. Gesprächspausen entstehen, weil der andere z. B. nachdenken muss oder auch ganz bewusst sehen will, wie Sie in dieser Situation reagieren.
9. Bringen Sie sich ins Gespräch ein. Stellen Sie Fragen. Zeigen Sie Interesse am Unternehmen und der Position.
10. Lassen Sie sich nicht aus der Ruhe bringen. Bleiben Sie natürlich, bleiben Sie stets Sie selbst! Ein gestelztes, antrainiertes Verhalten und Auftreten fordert von Ihnen zusätzliche Konzentration und belastet Sie deshalb: Spontaneität und Natürlichkeit gehen verloren.

Gespräche in anderer Umgebung

Als Bewerber müsssen Sie sich darauf einstellen, dass Gespräche auch in anderer Umgebung als im nüchternen Konferenzraum stattfinden können. Gerade wenn Sie sich um eine höhere Position bewerben, kann es vorkommen, dass Sie zum Gespräch an einen anderen Ort eingeladen werden. Von zunehmender Bedeutung sind Fachmessen, Tagungen und Konferenzen, Tage der offenen Tür, die viele Unternehmen veranstalten, und nicht zu vergessen die immer populärer werdenden Recruitingmessen. Ändern sich die Gesprächsbedingungen, so ändern sich auch die Gesprächsabläufe. Strategie und Verhalten des Bewerbers müssen darauf abgestimmt sein.

Gesprächsbedingungen und -abläufe ändern sich.

Werkstatt, Kantine, Restaurant, Flughafen, Bahnhof

Nicht selten wird der Gesprächstermin gleich mit einer Betriebsbesichtigung verbunden, absichtsvoll in die Werkstatt, ins Atelier oder andere Produktions- und Arbeitsräume verlegt. Der Interviewer kann damit zwei Fliegen mit einer Klappe schlagen. Er erkennt, wie sicher Sie sich in der künftigen Arbeitsumgebung verhalten und er kann aus Ihren Fragen und Antworten Schlüsse bezüglich Ihrer fachlichen Qualifikation und Ihrem persönlichem Interesse ziehen.

Oftmals trifft man sich aber auch aus Zeitgründen in der Mitte, sodass der Flughafen, der Bahnhof, ein Restaurant o. Ä. als Treffpunkt vereinbart werden. Lassen Sie sich dadurch nicht verunsichern. Sicher wäre der Konferenzraum der beste Platz, um in Ruhe ein Gespräch zu führen. Möglicherweise will man aber Ihre

Reaktionen auf außergewöhnliche Umstände kennen lernen. Gehen Sie daher davon aus, dass Sie öfter unterbrochen werden, sei es durch vorbeigehende Leute, sei es durch Lautsprecherdurchsagen oder Ähnliches. Machen Sie sich – sofern dies möglich ist – während des Gespräches Notizen, sodass Sie jederzeit in der Lage sind, den Faden des Gespräches da aufzunehmen, wo er durch eine Unterbrechung verloren ging.

Findet das Gespräch in der Werkstatt oder während einer Betriebsbesichtigung der Produktionsstätten statt, sollten Sie die Gelegenheit nutzen, Fragen zum Produktionsverlauf und zum Produkt selbst zu stellen. Höchstwahrscheinlich erwartet Ihr Gesprächspartner genau das. Es ist auch möglich, dass Sie bei dieser Gelegenheit Ihre künftigen Kollegen kennen lernen. Nutzen Sie die Gelegenheit und stellen Sie Fragen. Können Sie sich vorstellen, mit diesem Menschen zusammenzuarbeiten? Vergessen Sie jedoch nicht, dass deren Reaktionen auf Ihr Auftreten möglicherweise den Ausschlag geben kann, sich für Sie oder für einen anderen Bewerber zu entscheiden.

Beweisen Sie Flexibilität

Zeigen Sie Interesse und beweisen Sie Flexibilität auch angesichts ungewöhnlicher Gesprächsverläufe; das wird Ihnen sicherlich positiv angerechnet.

Sollten Sie im Rahmen des Gesprächs zum Essen eingeladen werden, weitet sich das Interesse Ihrer Gesprächspartner über die fachlichen und persönlichen Qualifikationen hinaus auf Ihre „Gesellschaftsfähigkeit“ aus. Manieren, Umgang mit Angestellten, die Fähigkeit, Essen und Gespräch zu kombinieren usw. stehen also im Mittelpunkt.

UNSER TIPP Achten Sie bei der Menüwahl darauf, dass Sie das Servierte ohne Zwischenfälle verzehren können. Fisch, Muscheln, Hummer, Fleischspieße oder Ähnliches haben schon so manchem verzweifeln lassen (oder sind auf der Hose gelandet).

Über Tischmanieren sind ganze Bibliotheken veröffentlicht worden, sodass wir hier auf Einzelheiten nicht eingehen müssen. Was die Ratgeber empfehlen, gilt natürlich auch für ein „Bewerbungsessen“.

WICHTIG

Verzichten Sie, auch wenn es Ihnen angeboten wird, auf den Genuss von Alkohol und auf die Verdauungszigarette. Hier gibt es freilich regionale und mentale Unterschiede, die Fingerspitzengefühl erfordern. In München ein Bier abzulehnen, könnte als unhöflich gelten. Und wenn der Geschäftsführer eines Frankfurter Unternehmens zum Essen seinen Rheingauer Lieblingsriesling bestellt, sollten Sie auch nicht über Gebühr „zickig" sein. Es hat Fälle gegeben, da eilte neuen Mitarbeitern der Ruf voraus, sie hätten bestimmt ein Alkoholproblem, weil sie auch den kleinsten Schluck Wein allzu vehement abgelehnt hatten. Vorsicht ist hingegen geboten, wenn Ihr Gesprächspartner Sie freundlich fragt: „Soll ich Ihnen erst mal ein Bier bestellen?"

Minuspunkte während des Gespräches sammeln Sie, wenn Sie

- nicht auf die Frage hören;
- den Interviewer verärgern, indem Sie eine nicht gestellte Frage beantworten;
- den Interviewer unterbrechen;
- überflüssige Informationen liefern, verschwatzt wirken;
- versuchen, das Bewerbungsgespräch unvorbereitet zu führen.

Nicht entmutigen lassen

Zeigen Sie sich auch nicht entmutigt, wenn das Bewerbungsgespräch nicht so gut zu laufen scheint, wie Sie es sich erhofft hatten. Sie gewinnen nichts, wenn Sie sich geschlagen geben. Es könnte auch nur eine Interviewtaktik sein, um Ihr Selbstvertrauen zu testen.

Wenn Sie aus irgendeinem Grund nervös werden und unkonzentriert, dann lassen Sie sich in Mimik, Gestik und Körperhaltung davon nicht anmerken. Gewinnen Sie Zeit, um Ihre Gedanken zu ordnen, indem sie fragen: „Würden Sie mir das erklären?" oder „Könnten Sie die Frage wiederholen?"

Recruitingmessen, Fachmessen, Tagungen

Viele Unternehmen sind heute nicht nur auf der Suche nach hochqualifizierten Kräften, sie suchen Kandidaten mit dem gewissen Extra, die Unmögliches in ihrer Person vereinen: den 25-jährigen Uniabsolventen mit MBA (Master in Business Administration), fünf Jahren Berufserfahrung, international orientiert und fließend bis verhandlungssicher in fünf Sprachen. Scherz beiseite! Die Unternehmen beschreiten immer neue Wege, um neue Mitarbeiter zu finden. Einer davon sind die so genannten Recruitingmessen professioneller Personalberater, aber auch studentischer Non-Profit-Organisationen. In vorab terminierten Interviews, Workshops, Kongressen oder unverbindlich auf der Messe treffen ausgewählte Studenten und „Young Professionals" an zwei bis drei Tagen auf Personalverantwortliche renommierter Unternehmen, um gemeinsame Perspektiven zu ermitteln. Leider werden diese Messen bislang vorwiegend für Hochschulabsolventen angeboten.

Eine weitere Möglichkeit für Sie, als Bewerber mit Firmenvertretern unverbindlich in Kontakt zu treten, sind Fachmessen, Kongresse, Tagungen oder ähnlichen Veranstaltungen. Die Unternehmen sind zwar in erster Linie auf der Messe, um Geschäfte abzuschließen, weniger um neue Mitarbeiter zu finden, in Branchen mit hohem Personalbedarf – wie zurzeit bei Informationstechnologien, Datenverarbeitung und Multimedia – sind Bewerber aber durchaus willkommen, wie die Fachbesucher der CeBit sicher festgestellt haben.

Recruitingmessen

Personalvermittlung als Ziel

Recruitingmessen werden nur zum Zweck der Personalvermittlung durchgeführt. Angesprochen werden vorwiegend Bewerber mit Hochschulabschluss (Uni, FH, BA) und examensnahe Kandidaten. Verfügen Sie nicht über das erforderliche Studium, sollten Sie zuvor den Veranstalter kontaktieren, ob eine Bewerbung überhaupt sinnvoll ist. In manchen Fällen führt diese Anfrage zum Erfolg. Auf der „Characters" beispielsweise waren Unternehmen aus der IT-Branche sowie aus dem Bereich der Versicherungen gleichermaßen offen für Kandidaten mit und ohne Hochschulstudium. Fragen lohnt sich in jedem Fall. Zu diesem Thema gibt Ihnen im Übrigen das Buch „Campus Recruting“ aus dem FALKEN Verlag detailliert Auskunft.

Fachmessen, Tagungen und andere Veranstaltungen

Fachmessen, Tagungen oder andere große Veranstaltungen bieten eine hervorragende Gelegenheit, mit dem Unternehmen Ihrer Wahl ins Gespräch zu kommen. Vergessen Sie jedoch nicht, dass die Unternehmen in erster Linie auf der Messe sind, um neue Verträge zu schließen oder Kontakte zu knüpfen. Die Rekrutierung neuer Mitarbeiter ist dagegen sekundär. Sie werden als Bewerber auch nur selten einen Mitarbeiter aus dem Bereich Personal antreffen. Macht nichts! Dafür kommen Sie mit Fachvertretern ins Gespräch und können sich bei einer nachfolgenden Bewerbung auf dieses Gespräch berufen.

Personalvermittlung als Nebeneffekt

Viele Unternehmen haben Messen jedoch auch als neuen „Arbeitsmarkt“ schätzen gelernt. Auf der CeBIT oder der Hannover-Messe finden Sie mittlerweile einige Unternehmen, die mit Firmenvertretern aus dem Bereich Personal anreisen, um Bewerbergespräche zu führen. So z. B. AUDI, TELEKOM, SAP, u. a. Nicht selten findet man sogar ein Karriere-Center vor.

UNSER TIPP Um sicherzugehen, dass Ihr Wunschunternehmen Bewerbergespräche anbietet, sollten Sie sich vorab erkundigen, an welchen Tagen sie geführt werden sollen. Sie können auch gleich einen festen Termin vereinbaren. Infos erhalten Sie im Messekatalog, auf der Homepage des Unternehmens oder auf der Homepage der entsprechenden Messe, falls sie im Internet vertreten ist.

Auftreten, Taktik – alles muss stimmen

Wenn man den Aussagen von Kommunikationsforschern Glauben schenkt, dann setzt sich der erste Eindruck aus folgenden Wahrnehmungen zusammen:

- 55 Prozent Kleidung und Körpersprache,
- 38 Prozent Klang der Stimme,
- 7 Prozent Inhalt der Sprache.

Körpersprache entscheidend

Mehr noch als bei einem klassischen Vorstellungsgespräch kommt es bei Bewerbergesprächen auf Messen auf Ihre äußere Erscheinung und Ihre Körpersprache an. Auch wenn Sie nicht direkt mit dem Firmenvertreter sprechen, so sieht er Sie vielleicht doch am Stand vorbeischlendern, mit anderen Unternehmensvertretern im Gespräch oder einfach nur in der Cafeteria. Beachten Sie daher folgende Punkte bei der Vorbereitung Ihrer persönlichen Präsentation auf einer Messe:

Kleidung Bieten Sie so wenig wie möglich äußerliche Interpretationsfläche! Wählen Sie schlichte, der Branche entsprechende Kleidung, in der Sie sich wohl fühlen.

Auf Recruitingmessen ist es durchaus normal, mehrere Branchen anzutreffen. Allen Unternehmen kann man es höchstwahrscheinlich nicht recht machen. Amerikaner würden in diesem Fall „business attire" empfehlen, was heißen soll, dass Sie am besten in Kostüm bzw. Anzug auftreten, die Ihrem Alter und Ihrer aktuellen Position entsprechen. Die Kleidung sollte für Sie nicht ungewohnt sein und nirgends zu eng sitzen.

Tragen Sie keine nagelneuen Schuhe, denn auf Messen sind Sie wahrscheinlich den ganzen Tag auf den Beinen. Schmuck und andere Accessoires sollten mit Bedacht getragen werden. Stellen Sie Schmuckstile nicht anachronistisch zusammen, wie z. B. Omas Erbbrosche mit der Swatch-Uhr. Männer sollten vorsichtshalber auf Ohrschmuck verzichten.

Vorsicht bei Düften

Vorsicht auch mit Düften jeglicher Art! Messen sind ein wahres Sammelsurium an verschiedenen Düften. Bleiben Sie Ihrem Gesprächspartner nicht durch einen aggressiven Duft im Gedächtnis.

Körpersprache Das perfekte Erscheinungsbild täuscht über Ihre innere Einstellung zu sich selbst nicht hinweg. Gesichtsausdruck, Blickkontakt, Händedruck signalisieren Ihrem Gesprächspartner Selbstbewusstsein, Motivation, Unsicherheit, Nervosität oder auch Desinteresse. Ihr Gegenüber spürt innerhalb kurzer Zeit, ob Ihre Aussagen mit Ihrer inneren Einstellung übereinstimmen. Findet er Unstimmigkeiten, wird er Sie so lange piesacken, bis Sie Ihr „wahres Ich" zeigen.

WICHTIG

Setzen Sie auch bei Messen Prioritäten und überfordern Sie sich nicht. Wenn Sie sich müde und erschöpft fühlen, legen Sie lieber eine kurze Pause ein, bevor Sie in das nächste Gespräch gehen.

Selbstpräsentation auf der Messe

Selbstpräsentation will gelernt sein. Mehr noch als bei einer schriftlichen Bewerbung oder einem Telefonat, kommt es hier auf die Fähigkeit des „sich Verkaufens“ an. Wer die Chance nutzt, sich „live“ vorzustellen, wird Eindruck machen. Denn man liefert ein komplettes, rundes Bild von sich – mit Umgangsformen, Körpersprache, Dynamik etc. und oft hat man dadurch bei seinem Traumunternehmen den Vorsprung, auf den es ankommt.

Wie kommt man mit dem Unternehmensvertreter ins Gespräch?

Die richtigen Fragen stellen

Vermeiden Sie Fragen, von denen der Unternehmensvertreter erwarten kann, dass sie geklärt worden sind, bevor Sie an seinen Stand treten. Fallen Sie auch nicht mit der Tür ins Haus – nach dem Motto „Ich will mich beruflich umorientieren, können Sie mir helfen?“ Auf Recruitingmessen ist man darauf vorbereitet, dass Sie sich beruflich umorientieren möchten, bei allen anderen Messen oder Veranstaltungen jedoch sollten Sie eher einen ruhigen Moment abwarten, um dann ein Gespräch zu beginnen. Vielleicht bietet sich eine Begebenheit, ein Prospekt oder eine Situation an, um unverbindlich ins Gespräch zu kommen. Begrüßen Sie Ihren Gesprächspartner mit Handschlag und stellen Sie sich vor. Zeigen Sie Interesse am Unternehmen, an den Produkten, am Messeverlauf. Machen Sie sich ein Bild vom Unternehmen. Wie präsentiert es sich? Wie verhalten sich die Mitarbeiter? Wie gehen die Mitarbeiter miteinander um? Worauf legt das Unternehmen Wert? Welches ist seine Philosophie? Sammeln Sie diese Eindrücke. Ist es immer noch Ihr Traumunternehmen? Prima, dann lassen Sie Ihren Gesprächspartner Ihre Begeisterung spüren. Gehen Sie kurz auf Ihre Ausbildung, Schwerpunkte der Ausbildung und Ihre beruflichen Interessen ein. Befinden Sie sich noch in der Orientierungsphase, schadet es nichts, wenn Sie dies erwähnen. Sind Sie erst einmal ins Gespräch gekommen, unterscheidet es sich nicht von einem herkömmlichen Vorstellungsgespräch.

Aufmerksamkeit

Rechnen Sie mit Unterbrechungen

Gespräche auf Messen werden naturgemäß häufiger unterbrochen. Lassen Sie sich nicht davon ablenken. Konzentrieren Sie sich auf das Gespräch. Sprechen Sie Ihren Gesprächspartner mit Namen an. Bauen Sie Blickkontakt zu Ihren Gesprächspartnern auf. Auch Mitarbeiter, die nicht aktiv am Gespräch beteiligt sind, sollten Sie nicht ignorieren. Denn bei einer Entscheidungsfindung könnte die Person, die Sie ignoriert haben, sich gegen Sie aussprechen.

Ein Bewerbergespräch auf einer Messe ist eine Ausnahmesituation für den Bewerber wie für den Unternehmensvertreter. Wenn Sie sich hier gut ins Szene setzen, könnte das Ihre große Chance sein.

UNSER TIPP Informieren Sie sich vor dem Gespräch über die Produkte und Leistungen des Unternehmens. Leichter als auf einer Messe werden Sie es so schnell nicht wieder haben, an aktuelle Informationen heranzukommen.

Spontaninterviews: So machen Sie auf sich aufmerksam

Messen haben den großen Vorteil, dass man unverbindlich an einem Stand vorbeischlendern, die Unternehmensvertreter beobachten, in Imagebroschüren blättern und die Homepage durchforsten kann. Plötzlich stellt man fest, dass dieses eine Unternehmen, dessen Namen man nie zuvor gehört hat, ungeahnte Möglichkeiten bietet. Kennen Sie dieses Gefühl? Dann nichts wie hin, um ein Spontaninterview zu vereinbaren. Nutzen Sie die Euphorie und sprechen Sie einen Firmenvertreter an. Man kann nicht jedes Unternehmen kennen, aber lassen Sie Ihren Gesprächspartner spüren, dass sie begeistert sind. Stellen Sie auch hier sich und Ihre beruflichen Ziele kurz vor. Fragen Sie nach Einstiegsmöglichkeiten im Unternehmen und nach dem Unternehmen selbst.

Wie geht es nach einer Messe weiter?

Nutzen Sie die Kontakte der Messe und das Erlebte, um einige Tage später Ihre vollständige Bewerbungsmappe abzuschicken. Beziehen Sie den ersten Satz des Schreibens auf das Treffen – eine elegante Überleitung zum eigenen Anliegen. Wenn Ihnen beispielsweise aufgefallen ist, dass die Firma ihr Dienstleistungsangebot gut präsentiert oder die Mitarbeiter besonders freundlich miteinander kommunizieren, können Sie das aufgreifen und als Argument nutzen, warum Sie sich genau dort bewerben möchten. Vermeiden Sie jedoch, dem Unternehmen zu schmeicheln. Die Firmenvertreter sind nicht daran interessiert, dass Sie ihnen ihr eigenes Unternehmen verkaufen.

Beziehen Sie sich auf die Messe

AUF EINEN BLICK

Empfehlungen für einen erfolgreichen Messebesuch

Pünktlichkeit: Die Interviewtermine auf Messen sind knapp kalkuliert. Zu einem Gespräch pünktlich zu erscheinen, ist daher selbstverständlich. Erkundigen Sie sich rechtzeitig, wo das Gespräch stattfinden wird. Gerne wird man Ihnen am Messestand des Unternehmens Auskunft geben.
Erscheinung: Kleiden Sie sich branchenüblich. Die äußere Erscheinung sollte gepflegt sein. Sie sollten durch Ihre Kleidung nicht zu sehr auffallen.
Selbstpräsentation: Seien Sie auf Fragen aus den Bereichen Motivation, Berufserfahrung, Ausbildung, Lebenslauf, persönliche und familiäre Hintergründe, Vorstellung von der beruflichen Zukunft vorbereitet.
Unterlagen: Nehmen Sie vorsichtshalber immer mehrere komplette Bewerbungsmappen mit, die Sie dann auf Wunsch dem Gesprächspartner überreichen können. Streuen Sie Ihre Bewerbung jedoch nicht, da das nicht unbedingt Chancen erhöht.

Gespräche bei kleinen/mittleren und jungen Unternehmen

Ob es der recht strapazierte Arbeitsmarkt ist, die Unabhängigkeit, die gesucht wird oder einfach nur die Lust auf das Abenteuer; immer mehr Menschen entscheiden sich aus den unterschiedlichsten Motiven für die Gründung eines eigenen Unternehmens. Und damit gibt es immer mehr kleine Unternehmen, die bei Erfolg qualifizierte Mitarbeiter suchen, um weiter zu wachsen. Unterscheidet sich die Bewerbung dann, wenn man sich beispielsweise für ein 2-Mann-Unternehmen interessiert? Ja und nein.

Flache Hierarchien

Kleine und mittelständische Unternehmen zeichnen sich durch flache Hierarchien aus und garantieren schnelle Projekt- und frühe Führungsverantwortung. Schon als Berufseinsteiger sind Sie entsprechend gefordert. Gleichzeitig sind jedoch die Aufstiegsmöglichkeiten entsprechend begrenzt. Selbstständiges Arbeiten und das Übernehmen von Eigenverantwortung sind ein absolutes Muss. Rechnen Sie auch damit, dass die Einarbeitungsphase oftmals einem Sprung ins „kalte Wasser" entspricht. Das Budget für Aus- und Weiterbildung ist oftmals sehr viel geringer als in Großunternehmen. Nicht selten müssen Sie sich selbst um Ihre Weiterbildung kümmern. Dafür ist das Arbeitsklima in diesen Unternehmen meist super und die Atmosphäre oft noch familiär.

Aufstiegsmöglichkeiten

Großunternehmen bieten etwas mehr Sicherheit. Berufsanfänger werden oftmals über mehrere Monate eingearbeitet. Nicht selten stellt man ihnen sogar einen „Mentor" als Ansprechpartner zur Seite. Die Aufstiegsmöglichkeiten sind jedoch meist besser als in kleinen und mittelständischen Unternehmen, da die Hierarchien weniger flach sind. Gehen Sie jedoch davon aus, dass Sie als Berufsanfänger weder über Führungs- noch Projektverantwortung verfügen. Das Arbeitsklima ist wahrscheinlich von Abteilung zu Abteilung verschieden. Die Atmosphäre ist anonymer als in Klein- und mittelständischen Unternehmern. Unschlagbar sind jedoch die Aus- und Weiterbildungsangebote der Großunternehmen, da die Budgets weitaus größer angelegt sind als für kleine Unternehmen.

Sie sehen, es ist in der Tat eine grundsätzliche Entscheidung, ob man in einem großen oder eher kleinen Unternehmen arbeiten möchte, ob man ein Verkäufer von vielen bei Karstadt ist, oder einer von zwei Verkäufern in einer Edelboutique in der Maximilianstraße in München.

Wie unterscheidet sich nun die Bewerbung?

BEISPIEL

Karlheinz M., Vater von zwei Kindern, Mieter einer Etagenwohnung im 4. Stock ohne Fahrstuhl, hatte nach monatelangen Beschwerden seiner Frau, die Einkäufe seien zu schwer, zu viel, zu lästig und nicht mehr länger machbar, die Idee, anderen Menschen, die das gleiche Problem haben, das Leben zu erleichtern. Er überlegte sich mit seinem Freund Martin K., dass es doch ein Leichtes wäre, die Einkäufe für solche Menschen zu tätigen. Anruf genügt. Sie erstellten einen Katalog mit Lebensmitteln, Getränken und Drogerieartikeln, verteilten ihn in ihrem Wohnort und versprachen den Kunden, dass die gewünschte Ware noch am selben Tag geliefert werden könnte, wenn diese bis 12 Uhr bestellt würde. Die Resonanz war umwerfend. Binnen weniger Tage waren die Aufträge zu zweit nicht mehr zu bewältigen. Neue Mitarbeiter mussten gefunden werden. Nicht nur für die Auslieferung, nein auch für die Buchhaltung, den Einkauf und die Bestellannahme.

Wie denken Sie, dass die beiden Bewerber auswählen? Sicher nicht nach den in den Büchern beschriebenen Verfahren, da beiden die Erfahrung in der Personalsuche, dem Sichten von Bewerbungen und dem Führen von Vorstellungsgesprächen fehlt.
Wenn Sie sich für ein kleines junges Unternehmen interessieren und begeistern, sollten Sie nicht in erster Linie Sicherheit suchen. Unternehmergeist, Ehrgeiz, Einsatz, selbstständiges und eigenverantwortliches Arbeiten und Spaß, etwas Neues zu schaffen, sollten Ihre Ziele sein. Mit diesen Zielen vor Augen sollten Sie dann in das Gespräch gehen. Ein Geschäftsführer eines kleinen Unternehmens sagte mir einmal, er würde das Feuer in den Augen der neuen Mitarbeiter suchen. Nur dann wäre er sich sicher, den Pioniergeist gefunden zu haben.

Bereiten Sie sich daher genauso gewissenhaft auf das Gespräch vor, wie Sie es für ein großes Unternehmen tun würden. Vielleicht sogar noch ein wenig intensiver. Es könnte ja sein, dass Ihr Gegenüber wenig Erfahrung mit Vorstellungsgesprächen hat und Sie das Gespräch in die Hand nehmen müssen.

WOMIT SIE RECHNEN MÜSSEN

Womit Sie bei der Bewerbung für ein kleines oder mittleres Unternehmen rechnen müssen:

- wenige Vorabinformationen über das Unternehmen auffindbar
- wenig oder keine Erfahrung der Gesprächspartner in der Personalauswahl
- unstrukturierte Vorstellungsgespräche
- Gespräche finden inmitten der Arbeitsumgebung oder an einem neutralen Ort statt
- Gesprächspartner haben weniger Gesprächserfahrung als Sie
- ggf. sehr junge Chefs
- viel Esprit, aber wenig konkretes Anforderungsprofil für die zu besetzende Position

Das zweite Gespräch

Es gibt – aus Sicht der Bewerber – attraktive und weniger attraktive Stellen. Es gibt – aus Sicht der Unternehmen – sensible und weniger sensible Positionen. Aufgrund weniger attraktiver Ausschreibungen stellt sich manchmal nur eine Hand voll Bewerber vor. Um attraktive Stellen bewerben sich nicht selten Hunderte. Eine Fehlbesetzung auf unterer Hierarchieebene, so bedauerlich sie für beide Seiten auch sein mag, ist für ein Unternehmen meist zu verschmerzen; ein Fehlgriff bei der Besetzung einer Führungsposition kann hingegen katastrophale Folgen haben. Daher sind in diesem Fall die Auswahlverfahren viel intensiver und aufwendiger. Mehrere Gespräche mit einer oder mehreren Personen sind daher keine Seltenheit.

Was ein zweites Gespräch bringt

Entscheidung steht noch aus

Auch wenn Sie sich nicht für eine Führungsposition beworben haben, ist es durchaus nicht ungewöhnlich, dass Sie als Bewerber zu einem zweiten Gespräch eingeladen werden. Das bedeutet, dass Sie in die engere Auswahl gekommen sind, aber die endgültige Auswahl eines geeigneten Kandidaten mit großer Wahrscheinlichkeit noch aussteht.

Ein zweites Gespräch kann

- in der Form eines Assessement-Centers stattfinden; das Unternehmen hat somit die Möglichkeit, alle vorausgewählten und fachlich qualifizierten Kandidaten im Vergleich zu sehen – im Gegensatz zu einem Assessement-Center, das anstelle eines ersten Gespräches stattfindet und der Vorauswahl dient, kommt es hier meist nur noch auf die Persönlichkeit an;
- auf den Ergebnissen des ersten Gespräches aufbauen – man hat festgestellt, dass Sie fachlich qualifiziert sind und möchte Sie jetzt als Mensch näher kennen lernen (oder umgekehrt, man hat im

ersten Schritt geprüft, ob Sie in das Unternehmen passen und ermittelt jetzt, inwieweit Sie den fachlichen Anforderungen entsprechen);

- zur Besprechung weiterer Einzelheiten zur Position, dem Kennenlernen des Unternehmens, der zukünftigen Kollegen und des Arbeitsplatzes dienen;
- eine Gehaltsverhandlung und/oder Besprechung des Arbeitsvertrages sein.
- in Ausnahmefällen auch das Kennenlernen des Partners sein, um festzustellen inwieweit die Familie ihren beruflichen Einsatz unterstützt.

Der gleiche Gesprächspartner

Findet das zweite Gespräch mit dem gleichen Gesprächspartner statt, haben Sie gute Karten. Sie sind in der engeren Auswahl.

In der engeren Wahl

Ziel ist es, weitere Einzelheiten zur Position zu besprechen, das Unternehmen und die zukünftigen Kollegen kennen zu lernen, die Rahmenbedingungen des Arbeitsvertrages zu besprechen oder einfach nur noch einmal in Gehaltsverhandlungen zu treten.

Wenn Sie wirklich an der Position interessiert sind, sollte das zweite Gespräch die Kür sein. Möglicherweise haben Sie mehrfach miteinander telefoniert, sodass bereits ein kollegiales Verhältnis entstanden ist.

Eigentlich kann nichts mehr schief gehen, oder doch?

Neues Spiel, neues Glück – weitere Gesprächspartner

Unabhängig davon, wie gut Sie sich im ersten Gespräch verkauft haben, wenn Sie im zweiten Gespräch anderen Gesprächspartnern gegenüberstehen, heißt es für Sie: neues Spiel, neues Glück.

Eine gute Vorbereitung ist wie immer die halbe Miete. Für weitere Gespräche gelten die gleichen Regeln. Denken Sie jedoch daran, dass mit anderen Gesprächspartnern nicht zwangsläufig völlig neue Fragen auf Sie zukommen. Im ungünstigsten Fall fragt man Sie genau das Gleiche noch einmal. Bleiben Sie ruhig und gelassen. Beantworten Sie die Fragen geduldig und so souverän wie beim ersten Gespräch.

Wichtiger noch als beim ersten Gespräch ist jedoch nun die Frage nach dem weiteren Verlauf.

- Kommen noch mehr Gespräche auf Sie zu?
- Wird man Ihnen jetzt ein Angebot machen?
- Wie sehen die Rahmenbedingungen aus?

Lassen Sie sich darum von Ihren Gesprächspartnern erläutern, wie es weitergeht.

UNSER TIPP Haben Sie bereits weitere Angebote oder Gespräche, die ein Angebot in Aussicht stellen, sollten Sie dies in einem günstigem Augenblick ins Gespräch einbringen. Es wäre nicht das erste Mal, dass mit diesen Mitteln ein Bewerbungsverfahren beschleunigt wird. Pokern Sie allerdings nicht zu hoch. Denken Sie daran, dass der nächste Bewerber für „Ihre" Stelle womöglich schon vor der Tür steht.

Bereiten Sie sich auf dieses zweite Gespräch ebenso gut vor, wie auf das erste.

Definieren Sie Ihre Bedingungen

Definieren Sie Ihre Erwartungen an die Position und das Unternehmen. Welche Bedingungen stellen Sie bezüglich Arbeitszeit, Urlaub, sozialen Leistungen, Fortbildung, Auslandseinsatz, Reisezeit, Gehalt, Provision usw. Sprechen Sie diese Punkte an.

Prüfen Sie die Rahmenbedingungen auf Herz und Nieren. Man wird Ihnen die Konditionen nennen, die im Unternehmen üblich sind. Im Rahmen dessen kann verhandelt werden. Machen Sie sich also nicht unbeliebt, indem Sie beispielsweise auf 30 Tagen Urlaub bestehen, obwohl die Regel 25 Tage vorsieht.

Diplomatie ist bei diesen Verhandlungen gefragt.

WANN SIE SCHWIERIGKEITEN BEKOMMEN

Schwierigkeiten gibt es dann, wenn Sie

- ein zu hohes Gehalt einfordern. Jedes Unternehmen kalkuliert eine Position in einem bestimmten finanziellen Rahmen. Innerhalb dieser Spanne kann gehandelt werden. Sprengen Sie jedoch mit Ihren Forderungen diesen Rahmen, wird das Unternehmen – mit Bedauern zwar – aber dennoch von einer Einstellung Ihrerseits Abstand nehmen.
- die Position nochmals in aller Ausführlichkeit besprechen und feststellen, dass Sie doch nicht Ihren Erwartungen entspricht. Erhofft hatten Sie sich die Mitarbeit in einem Team mit entsprechender Kommunikation. Entgegen allen Erwartungen werden Sie jedoch alleine in einem Kämmerchen sitzen und als Einzelkämpfer das Projekt durchführen. In diesem Fall sollten Sie sich gut überlegen, ob Sie das Angebot annehmen.
- viel Wert auf Fortbildungsmaßnahmen legen und das Unternehmen keine oder nur sehr wenig anbietet.
- viel Wert auf Freizeit legen, die Arbeitszeiten dies aber voraussichtlich nicht unterstützen.
- die Reisetätigkeit mehr sein wird, als erwartet.
- oder Sie selbst im zweiten Gespräch feststellen, dass doch nicht alles Gold ist, was glänzt.

Vertragsverhandlungen: nichts für Zocker und Angsthasen

Geschafft! Die Mühe hat sich gelohnt. Der Arbeitsvertrag liegt vor. Dass Sie einen Vertrag nicht blind und ungelesen unterzeichnen, versteht sich von selbst, denn gerade in Ihrem individuellen Arbeitsvertrag werden für den beruflichen Alltag eine ganze Reihe von wichtigen Rahmenbedingungen festgelegt. Mit den Vertragsverhandlungen beginnt somit die letzte Runde.

Verhandeln heißt, dass Arbeitgeber und Bewerber sich gegenseitig Ihre Vorzüge darstellen. Der Arbeitgeber präsentiert die Vorteile des Unternehmens und der Position. Der Bewerber seinerseits stellt seine Qualifikationen dem Anforderungsprofil des Unternehmens gegenüber. Verhandeln ist aber auch die Kunst zu überzeugen und Gemeinsamkeiten herzustellen.

Vorzüge darstellen

✓ **CHECKLISTE**

Verhandlungspunkte

Verhandlungspunkte könnten sein:

- Art der Anstellung (befristet/unbefristet)
- Arbeitszeit
- Urlaubsregelung
- Gehalt
- Provisionsvereinbarungen, Tantiemenregelung
- Zusatz- und Sozialleistungen (Urlaubsgeld, Weihnachtsgeld, 13. Monatsgehalt, vermögenswirksame Leistungen usw.)
- Sonderleistungen (Mitarbeitereinkauf, verbilligtes Mittagessen, Direktversicherung, Mobiltelefon)
- Firmenwagen
- Arbeitszimmer
- (Teil-)Erstattung der Umzugskosten
- Unterstützung bei der Suche nach einer neuen Wohnung
- Kostenerstattung für doppelte Haushaltsführung
- Reisekostenerstattung bei Wochenendbeziehungen
- Betriebsrente

WICHTIG

Erstellen Sie eine Liste der Verhandlungspunkte, die Ihnen besonders am Herzen liegen, und bereiten Sie Argumente für diese Punkte vor. Gleichermaßen sollten Sie sich aber auch die Punkte notieren, von denen Sie annehmen, dass sie Ihrem Gesprächspartner wichtig sein werden, sodass Sie auch darauf vorbereitet sind.

UNSER TIPP Was Ihnen am wichtigsten ist, sollten Sie dennoch nicht gleich als Erstes nennen. Verhandlungstaktisch günstig ist es, wenn Ihr Gegenüber schon ein-, zweimal Nein sagen konnte, ohne dass es Ihnen sehr weh tat. Wenn er schon einige Punkte für sich sammeln konnte, ist er eher bereit, auch Ihnen ein Stück entgegenzukommen. Legen Sie also den Punkt, der Ihnen am wichtigsten ist, in die Mitte des Gespräches.

Gehaltsverhandlungen – Gehaltswunsch

Bereiten Sie sich besonders auf den Punkt „Gehalt" vor. Wenn man Sie nicht bereits im ersten Gespräch nach Ihren Gehaltsvorstellungen gefragt hat, wird man es spätestens jetzt tun. Bei der Nennung Ihres Gehaltswunsches sollten Sie konkret bleiben und nicht mit einer Gegenfrage ausweichen: „Wie viel können Sie mir denn bieten?"

Vermeiden Sie auch Aussagen wie: „sechsstellig" oder „weit über dem Durchschnitt" oder „ganz gut". Zahlen sollte man grundsätzlich nicht umschreiben.

Informieren Sie sich über das Gehaltsniveau

Berufsanfänger können sich vorab über die branchenüblichen Einstiegsgehälter informieren. Branchenübliche Gehälter können Sie bei folgenden Stellen erfragen:

- bei Berufs- und Interessenverbänden, Kammern
- bei Arbeitsämtern
- bei Karriereberatern
- in Berufs- und Studienführern
- in Tageszeitungen, wie „Die Welt" oder „Das Handelsblatt", diese veröffentlichen regelmäßig Gehaltstabellen
- im Internet unter den Adressen namhafter Nachrichtenmagazoine und Wirtschaftsblätter.

Berufstätige, die ihre Stelle oder die Branche wechseln, sollten ihren bisherigen Brutto-Jahresverdienst inklusive allen Extras auf tausend Mark genau im Kopf haben. Ermitteln Sie also vorab, wie viel Sie wert sind.

Konkrete Summe nennen

Nennen Sie im Gespräch die Summe, für die Sie die Arbeit aufnehmen würden. Haben Sie keine Angst, dass Sie sich zu billig verkaufen.

Wenn Sie wirklich mehr wert sind, als Ihr Anfangsgehalt es ausdrückt, dann können Sie ja in sechs Monaten nachverhandeln. Wenn Sie Glück haben, geraten Sie, wie jüngst eine Bewerberin, die nicht nur die Stelle, sondern auch die Branche wechselte, an einen Arbeitgeber, der zu Ihrer Gehaltsvorstellung, die Ihnen vielleicht schon wagemutig vorkommt, anmerkt: „Und auf Ihren Gehaltswunsch packen wir noch 1000 Mark drauf."

Starteinkommen für Absolventen der Universität/TH	
Chemiker	81 500 DM
Informatiker	78 500 DM
Wirtschaftsingenieur	75 500 DM
Physiker	74 000 DM
Jurist	74 000 DM
Ingenieur	69 500 DM
Betriebswirt	69 500 DM
Mathematiker	68 000 DM
Volkswirt	62 500 DM
Psychologe	60 000 DM

Starteinkommen für Absolventen der Fachhochschule	
Starteinkommen für Absolventen der Fachhochschule	
Informatiker	68 500 DM
Wirtschaftsingenieur	64 000 DM
Ingenieur	59 000 DM
Betriebswirt	58 000 DM

Quelle: Kienbaum 1998

Ihre persönliche Einstufung hängt jedoch von einer Reihe objektiver und subjektiver Einflussfaktoren, wie z. B. Studien- bzw. Ausbildungsrichtung, Schwerpunkte der Berufserfahrung, Spezialisierung, praktische Erfahrung (Praktika), Fremdsprachen, Zusatzausbildungen (MBA, Promotion, Meisterbrief), Art der Einstiegsposition, Unternehmensgröße, Branche und nicht zuletzt von Ihrer Persönlichkeit ab.

Bedenken Sie bei einem Gehaltsangebot immer: Das Einstiegsgehalt ist nur der Ausgangspunkt Ihrer Vergütungskarriere.

Verhalten während Verhandlungen

Stellen Sie Ihre Vorzüge dar

Das zweite Vorstellungsgespräch ist im weitesten Sinne ein Verkaufsgespräch. Beide Gesprächsparteien stellen ihre Vorzüge dar. Machen Sie bei den abschließenden Verhandlungen Ihrem Gesprächspartner bewusst, welche Vorteile es hat, wenn die Stelle mit Ihnen besetzt wird. Erinnern Sie sich in diesem Zusammenhang an eine beliebte Frage „Warum sollten wir gerade Sie einstellen?" Gehen Sie nochmals auf die Vorzüge Ihrer Person ein, sei es fachlich und/oder persönlich. Denken Sie aber auch daran, dass Sie aktiv zuhören und die Punkte des Gesprächspartners – wenn es der Gesprächsverlauf ergibt – aufgreifen.

Das sollten Sie tun

Achten Sie darauf, dass Sie während der Verhandlungen

- überzeugend wirken
- interessiert und engagiert sind
- die Gesprächsführung mitbestimmen, aber nicht übernehmen
- Durchsetzungsvermögen zeigen, aber nicht dominieren
- freundlich und sachlich, aber nicht unterwürfig sind
- Ziele, Teilziele und Interessen des Verhandlungspartners herausfinden

Das sollten Sie nicht tun

Vermeiden Sie unbedingt,

- die Eröffnung des Gesprächs oder die Gesprächsführung zu übernehmen oder das Gespräch zu beenden;
- unrealistische Forderungen zu stellen;
- aggressiv oder dreist zu werden;
- unflexibel zu sein;
- desinteressiert zu wirken.

Für Frauen besonders wichtig

Frauen verdienen oftmals in der gleichen Position weniger als ihre männlichen Kollegen. Das liegt jedoch nicht nur am Arbeitgeber, sondern auch daran, dass Frauen weniger selbstbewusst in Gehaltsverhandlungen gehen.

Treten Sie selbstbewusst auf

Machen Sie sich auch als Frau klar, dass Sie in Gehaltsverhandlungen nichts zu verschenken haben. Sie tun sich keinen Gefallen, sich unter Wert zu verkaufen, oder zu große finanzielle Zugeständnisse einzuräumen.

Aus den Augen, aus dem Sinn? Wie geht es weiter?

Das Gespräch ist gelaufen. Unabhängig davon, wie es gelaufen ist, werden Sie jetzt erst einmal erleichtert aufatmen. Doch wie geht es weiter? Abwarten? Sicher nicht. Bereiten Sie das Gespräch nach. Machen Sie sich zu bestimmten Punkten Notizen, zum Beispiel zu

- Namen und Bezeichnung Ihrer Gesprächspartner
- den Anforderungen an die Position
- Ihrer Eignung für die Stelle
- den Teilen des Bewerbungsgespräches, die nach Ihrer Ansicht gut verlaufen sind, aber auch zu den Teilen, bei denen Sie ein ungutes Gefühl hatten
- der weiteren Vorgehensweise, die vereinbart worden ist.

WICHTIG

Analysieren Sie vor allem jene Teile des Bewerbungsgespräches, die nicht gut gelaufen sind. Nur wenn Sie Ihre Schwächen erkennen, können Sie diese in einem Nachfass- bzw. Dankebrief auch geschickt verpacken und gegebenenfalls ausschalten oder in einem zweiten Gespräch von vornherein anders reagieren.

Der Dankebrief

Schreiben Sie kein Protokoll

In vielen Ratgebern wird empfohlen, einen Tag nach dem Gespräch einen Brief an das Unternehmen zu senden, in dem Sie sich nochmals für das Gespräch bedanken. Nicht alle Unternehmensvertreter schätzen es allerdings, ein ausführliches Protokoll des Gesprächs von einem Außenstehenden lesen zu müssen. Gehen Sie also mit Fingerspitzengefühl vor und konzentrieren Sie sich auf das

Wesentliche. Heben Sie hervor, was Sie als wichtigsten Punkt oder Höhepunkt des Gespräches empfunden haben. Tragen Sie nach, was offen geblieben ist und signalisieren Sie Ihr Interesse an der Position sowie Ihre Motivation, sich mit ganzer Kraft in das Unternehmen einzubringen.

Verwenden Sie größte Sorgfalt darauf, Ihren Gesprächseindruck so zusammenzufassen, dass der Gesprächspartner auch das Gefühl hat, richtig verstanden worden zu sein.

Das sollten Sie tun

Bedanken Sie sich für das Gespräch. Signalisieren Sie Interesse und bestätigen Sie nochmals, dass Sie gerne für das Unternehmen tätig werden würden. Stellen Sie sich für weitere Gespräche zur Verfügung. Bleiben Sie – bei aller Begeisterung – sachlich.

Das sollten Sie lassen

Verkaufen Sie dem Gesprächspartner nicht sein eigenes Unternehmen. Schulmeistern Sie nicht. Schreiben Sie keine langatmigen Protokolle; das steht Ihnen nicht zu. Halten Sie sich mit überschwänglichem Lob zurück.

Aus einer Ablehnung das Beste machen

Gespräche, Assessment-Center, Verhandlungen – und trotzdem hat man sich für einen Mitbewerber entschieden. Was haben Sie falsch gemacht? Nichts, werden Sie sagen.

Ablehnungen sind unvermeidlich

Ablehnungen sind unvermeidlich. Nicht jeder ist für jede Stelle geeignet. Mögen Sie fachlich auch noch so gut sein, wenn Sie nicht ins Unternehmen passen, täte es weder Ihnen noch dem Unternehmen gut, wenn Sie angestellt würden. Andererseits bekommt nicht immer der Geeignetste die Stelle, sondern häufig der am besten auf das Bewerbungsgespräch Vorbereitete und Zielstrebigste.

Im Anschluss erhalten Sie ein paar Tipps, wie Sie sich im Falle einer Absage verhalten können.

Ablehnung während einer telefonischen Anfrage

Erhalten Sie bereits bei einer telefonischen Anfrage eine Absage, weil in dem von Ihnen gewünschten Bereich kein Bedarf an neuen Mitarbeitern besteht oder generell gerade Einstellungsstopp herrscht, können Sie sich einerseits eine schriftliche Bewerbung und auch die Frage nach den Gründen der Ablehnung sparen.

Ablehnung auf die schriftliche Initiativ-Bewerbung

Personalverantwortlichen ist es nicht immer möglich, die Gründe für eine Ablehnung auf eine schriftliche Bewerbung zu nennen. Fragen Sie telefonisch nach, aber erwarten Sie nicht zu viel.

Ablehnung auf die schriftliche Bewerbung

Auch hier ist es den Personalverantwortlichen wahrscheinlich nicht möglich, Gründe zu nennen. Prüfen Sie Ihre Unterlagen nochmals auf Formfehler, korrigieren Sie ggf. das Anschreiben und konzentrieren Sie sich auf die nächsten Bewerbungen.

Ablehnung nach dem ersten Gespräch

Lehnt man Sie nach einem persönlichen Gespräch ab, sollten Sie sich auf alle Fälle nach den Gründen erkundigen. Haben Sie allerdings das Gefühl, dass Ihnen die Position sowieso nicht mehr zusagt, sparen Sie sich die Mühe.

Ablehnung nach einen speziellen Auswahlverfahren

Unbedingt nachfragen

In diesem Fall ist es ein unbedingtes Muss, sich nach den Gründen der Ablehnung zu erkundigen. Sie können daraus für die nächsten Gespräche und Auswahlverfahren Schlüsse ziehen.

Ablehnung nach mehreren Gesprächen

So weit gekommen und doch keine Zusage. Sehr schade. Auch in diesem Fall steht es Ihnen zu, die Gründe für die Absage zu erfahren. Rufen Sie den Gesprächspartner an und signalisieren Sie ihm Ihre Betroffenheit. Nutzen Sie das Gespräch, um sich selbst nochmals ins Rennen zu bringen. Bleiben Sie ruhig und gelassen. Aggressivität oder Kränkung sind in diesem Gespräch völlig fehl am Platz. Sie könnten beispielsweise so vorgehen:

1. Schritt: Danken Sie dem Interviewer für die Zeit, die er sich genommen hat. Fragen Sie höflich nach, warum man Sie nicht für diese Stelle ausgewählt hat. Begründen Sie es damit, dass Sie sich mit den Tipps und Ratschlägen bei Ihrer zukünftige Stellensuche entsprechend vorbereiten möchten. Versichern Sie Ihrem Gesprächspartner, dass Sie an einem offenen und ehrlichen Urteil interessiert sind. Hören Sie sich die Antwort dann an, ohne zu unterbrechen, egal was gesagt wird. Machen Sie sich Notizen. Erst wenn der Unternehmensvertreter aufhört zu reden, zeigen Sie, dass Sie die Kritik verstehen. Verstehen und zustimmen sind nicht gleichbedeutend. Sagen Sie ihm, dass das Gespräch leider nicht so verlaufen ist, wie Sie es sich gewünscht haben und wie sehr Sie daran interessiert sind, für das Unternehmen zu arbeiten. Sie sind überzeugt davon, dass Sie die gewünschten Eigenschaften und Fähigkeiten besitzen. Schließen Sie mit der Frage nach einem weiteren Gespräch ab. Stellen Sie die Frage offen, also: „Ich würde Sie gerne davon überzeugen, dass ich die gewünschten Eigenschaften und Fähigkeiten besitze. Sie bestimmen Ort und Zeit – ich werde da sein. Wann passt es Ihnen am besten, Herr Müller?“

Fragen Sie um Rat nach

Normalerweise wird sich der Gesprächspartner schwer tun, diese Bitte abzulehnen, es sei denn, es waren in der Tat schwerwiegende Gründe, Ihnen abzusagen. Bitten Sie um ein weiteres Gespräch nur dann, wenn Sie tatsächlich noch eine Chance sehen.

2. Schritt Haben Sie tatsächlich ein weiteres Gespräch ausgehandelt, müssen Sie so top vorbereitet sein, dass Sie tatsächlich glänzen können. Gehen Sie also Ihre Notizen nochmals durch. Analysieren Sie die negativen Punkte und entwickeln Sie verschiedene Methoden, jeden Punkt zu entkräften oder zu kompensieren.

Vielleicht eine Chance?

3. Schritt Signalisieren Sie dann im Gespräch, wie viel Ihnen an dieser Position liegt. Finden Sie jedoch den Mittelweg zwischen Aufdringlichkeit und Bittstellen. Sollte es nach diesem Gespräch immer noch nicht klappen, bedanken Sie sich für die Mühe und lassen Sie es gut sein. Wer einem Mitmenschen „auf den Wecker“ geht, ihn unter Druck setzen will, hat im Vorstellungsgespräch keine Chance. Selbst, wer brennend an einer Stelle interessiert ist, sollte gelassen bleiben und sich so verhalten, als stünden ihm weitere Alternativen offen.

Nicht überziehen!

Frust nicht spüren lassen

Via E-Mail erhielt ich vor etwa einem Jahr eine Anfrage einer Internetprogrammiererin. Sie bewarb sich bei uns im Hause, als technische Redakteurin und verwies in ihrer Bewerbung auf ihre eigene Homepage. Die Bewerbung hat mich neugierig gemacht, zumal sie unsere Internetseiten verbessern wollte. Nachdem ich mir ihre Homepage und ihre Unterlagen angesehen hatte, luden wir sie zum Gespräch ein. Der Geschäftsführer und ich führten es, anschließend werteten wir es aus. Meinem Kollegen war aufgefallen, dass die Bewerberin wenig interessiert und motiviert schien. Ich machte ihn darauf aufmerksam, dass sie zum einen keine Verkäuferin oder Beraterin ist und zum anderen schon eine ganze Weile auf Jobsuche. Ich hatte das Gefühl, dass sie eine bestimmte Frustrationsgrenze bereits überschritten und einfach nicht mehr die Kraft hatte, mit voller Begeisterung in ein Gespräch zu gehen. Wir entschieden uns für sie, da wir sie beide für qualifiziert hielten. Eine gute Entscheidung, wie sich später bestätigt hat.

Nicht den Mut verlieren!

Bewerber, die ein Jahr oder länger einen Arbeitsplatz suchen, sind keineswegs chancenlos. Manche Dauerbewerber lassen im Vorstellungsgespräch durch ihr Verhalten und innere Einstellung durchblicken, wie misslich ihre Situation ist. Der Frust steht ihnen ins Gesicht geschrieben. Nach langer Suchzeit türmt sich häufig die eigene Frustration zur höchsten Barriere auf. Wer sich – meist ungerechtfertigt – als Versager fühlt, kann nicht überzeugen.

WICHTIG

Ein Bewerber gewinnt nur, wenn er engagiert und motiviert in das Gespräch geht, sich gut vorbereitet und alles tut, um zu überzeugen. Hohe Selbstmotivation ist zwar keine Garantie, aber gewiss eine Voraussetzung für den Erfolg.

Kein Selbstmitleid zulassen

Wer längere Zeit ohne Stelle ist, läuft Gefahr, in Selbstmitleid, sinkendes Selbstwertgefühl und Depression zu geraten. Er muss wieder Aktivität entfalten, nach Alternativen suchen z. B. in einem Praktikum, einem kleinen Job, einem Ehrenamt, im Sport. Ältere Stellensuchende sollten sich mit den Perspektiven einer Selbstständigkeit auseinander setzen. Auch die fachliche Weiterbildung kommt dem Selbstbewusstsein zugute.

Machen Sie nicht die Unternehmen, bei denen Sie sich bewerben, für Ihre „Arbeitslosigkeit" verantwortlich. Es hilft Ihnen auch nicht weiter, wenn Sie in Gesprächen Ihren Unmut kundtun wie eine Absolventin eines geisteswissenschaftlichen Studiums: „Ich antwortete mit zunehmendem Frust frech. So wurde ich z. B. gefragt, weshalb ich mich gerade um die freie Stelle beworben habe. Ich antwortete: Weil ich noch keine Stelle gefunden habe, sonst säße ich ja jetzt nicht hier." Oder wie ein kaufmännischer Leiter aus der Baubranche: „Ich betrachtete jede knifflige Frage als Attacke gegen meine Person, empfand sie als Beleidigung und antwortete gereizt. Außerdem fühlte ich mich bei jeder Frage des Einstellers zum Lebenslauf im Rechtfertigungszwang: Ich entschuldigte mich mehr oder weniger."

So schwer es Ihnen fällt, gehen Sie in jedes Gespräch gut vorbereitet mit neuem Elan. Der Arbeitgeber weiß nicht, dass es bereits ihr zehntes Gespräch ist. Für ihn ist es das erste Gespräch mit einem potenziell interessanten Mitarbeiter. Fragen zu Stationen im Lebenslauf sind nichts Besonderes und man muss kein Hellseher sein, um zu wissen, zu welchen Punkten man befragt wird. (Siehe Abschnitt „Fragen über Fragen" ab S. 107)

Das Bewerbungsgeschehen ist für den normalen Berufseinsteiger, Stellenwechsler oder Arbeitslosen dornenreich und langwierig geworden. Wenige Vorstellungsgespräche verteilen sich über einen langen Zeitraum. Das Standardergebnis ist nicht selten die Absage. Behalten Sie stets einen klaren Kopf, lassen Sie sich nicht zermürben und in die Frustration abdrängen. Gehen Sie mit hoher Selbstmotivation in jedes weitere Vorstellungsgespräch. Autorin und Verlag wünschen Ihnen dabei viel Erfolg.

Register